吕思勉 著

群经概要

国学概论

医籍知津

吕思勉著作精选

国学

图书在版编目（CIP）数据

群经概要 ；国学概论 ；医籍知津 / 吕思勉著.
上海 ：上海古籍出版社，2025. 5. --（吕思勉著作精选
）. -- ISBN 978-7-5732-1632-8

Ⅰ. Z126；R2-52

中国国家版本馆 CIP 数据核字第 2025A01S92 号

吕思勉著作精选·国学

群经概要　国学概论　医籍知津

吕思勉　著

上海古籍出版社出版发行

（上海市闵行区号景路 159 弄 1 - 5 号 A 座 5F　邮政编码 201101）

（1）网址：www.guji.com.cn

（2）E-mail：guji1@guji.com.cn

（3）易文网网址：www.ewen.co

常熟市人民印刷有限公司印刷

开本 890×1240　1/32　印张 5.5　插页 2　字数 129,000

2025 年 5 月第 1 版　2025 年 5 月第 1 次印刷

ISBN 978 - 7 - 5732 - 1632 - 8

K·3874　定价：45.00 元

如有质量问题，请与承印公司联系

前　言

　　有一种说法,说理想的历史著述家,要写过一部历史的专著,写过一部历史教科书,再写过一部历史通俗读物。又有一种类似的说法,把教科书换成了方志书,或是把通俗读物换成了历史地图册,说唯有著述了多种主题、多种形式的史学作品,历史著述才算达到了完满的境界。这些说法,当然不是在为史学评论提供一种评判的标尺,其本意是强调历史著述家除了要撰写专业领域里的学术著作,还要尽其所能为社会大众提供多种多样的历史作品,以满足不同层次、不同爱好的读者需要。

　　由此而论,史学家吕思勉先生倒是达到了理想的历史著述境界。他不仅写有大部头的史学著作,如《先秦史》《秦汉史》等成系统的四部断代史,还写过大量的文史教科书和历史通俗读物。其数量之多、品类之丰,在民国时代众多的史学大家中也是很罕见的。而且,他撰写的教科书和历史通俗读物,都是精心之作,或被后人称之为通俗读物之典范。

　　如此次“吕思勉著作精选”收录的一九二四年商务印书馆出版的《新学制高级中学教科书本国史》,黄永年先生曾评价说:这本书现在已经很少有人知道了,有一篇《吕思勉先生主要著作》,就没有提到这本书,也许认为这只是教材而非著作。“其实此书从远古讲到民国，只用了十二万字左右篇幅，而政治、经济、文化以及典章制度各个方面无不顾及，在取舍详略之中，体现出吕先生的史学史识，实是吕先生早期精心之作。有些青年人对我讲，现在流行的通史议论太多，史实太少，而且头绪不清，实在难读难记。我想吕先生这本要言不烦的《本国史》是否可以给现在编写通史、讲义的同志们一点启发。"（黄永年：《回忆我的老师吕诚之先生》，《学林漫录》第四集，北京，中华书局，1981 年）

又如《三国史话》，原是吕先生撰写《秦汉史》的副产品，出版之后，就很受欢迎，被视为历史通俗读物的典范之作。虞云国先生说：史学大师吕思勉既有代表其学术高度的断代史，又有通俗读物《三国史话》，"各擅胜场，令人叹绝"。（吕思勉：《三国史话》封底，北京，商务印书馆，2015 年）梁满仓先生也说："《三国史话》的大家风范，首先体现在作者强烈的历史责任意识……还表现在一些经得住时间检验的观点……《三国史话》是一部通俗历史读物，然而通俗中却包含着渊博的知识……小中见大、通俗中见高雅，《三国史话》为我们树立了典范。"（梁满仓：《〈三国史话〉的大家风范》，吕思勉：《三国史话》，北京出版社，2012 年）如今，吕先生的各种著述一再重版、重印，成为民国史学家中最为大众欢迎的史家之一，说明上述史学家们的评说已经成为大家的共识。

本着这样的认识，我们在吕先生一千余万字的著述中，选择了二十余种兼具通俗性与专业性且篇幅适宜者，根据内容分为七类，分别是：通史、专门史、修身、历史分级读本、读史札记、史话和国学，组成"吕思勉著作精选"，以飨读者。如最先推出的"吕思勉著作精选·专门史"，收入《中国社会史》、《中国社会变迁史（附大同释义）》、《中国民族史两种》和《中国文化史六讲　中国政治思想史十讲》。何以收入此四种？吕先生历来备受关注者，即其"两部通史、四部断代史、一种札记"，但其对专门史亦非常重视。他提倡"专就一种现象的陈迹加以研究"之专门的历史，并且身体力行，在史学实践中完成社会史、民族史、文化史、政治思想史等专史著作，涵盖面很广。且其专门史常常有一种贯通的眼光，既是朝代的贯通，也是"专门"的贯通，如其讲政治思想史、文化史，则先论社会史，因此其专门之中又多贯通，体现了其"综合专门研究所得的结果，以说明一地域、一时代间一定社会的真相"的治学路径。吕思勉先生的历史著作，大多都蕴含着这种"贯通"的眼光。以此为例，是想说明我们精选吕思勉著作的用意，以及帮助读者更好地理解中国历史的希望。

目　录

医 籍 知 津

群经概要

一、研究经书之目的

研究经书之目的有三：

（一）专治经学 即视经为一种学问，就其内容全体而研究之。惟经之中容所涉范围极广，而人之性情各有所近，欲了解经之全体，则各方面所涉必多。如清阎百诗因欲攻击伪古文《尚书》，遂从事研究天文，天文乃艰深之科学，非尽人可得而研究者。古人治经之精神固极可佩，惟揆诸经济原理，终属事倍而功半也。近人章太炎氏谓研究经子方法各异，治经重名物制度，治子则当重理，惟故马融、郑玄不能注子，郭象、张湛不能治经，其说极是。盖人之个性有别，兴味各异也。

（二）整理国故 "整理国故"一语，本为时下所流行。惟"国故"一名词，词义极笼统，吾人只能各各整理其一方面，而不能兼及其全体。犹之治西学者，不能精通其各种科学也。

至整理特所趋之途径，则自视各人个性而不同。吾人于普通知识全备后，自能向一定之方向而前进焉。

（三）明白文学源流 后世极繁复之文学变迁，其根源往往在极简单之古书中，故研究经书，可视为达到文学进步之手段。

上述三种目的：（一）短时期内精力所能及，且为吾人所不取。（三）研究文学，以欣赏为主，无从讲演。兹姑以（二）整理国故之眼光略述之。

于此可附带说明前人关于经书次序之排列。前人关于经之排列法，有新、旧二种。

旧法：今文家。《诗》、《书》、《礼》、《乐》、《易》、《春秋》。称此为"孔门六艺"，以内容浅深为序。

新法：古文家。《易》、《书》、《诗》、《礼》、《乐》、《春秋》。以六经为周公之旧典，孔子不过加以修改耳。其排列法，以时代先后为序。

今依今文家排列次序，自《诗》讲。

二、诗　经

研究《诗经》可分三派，即

（一）今文｛鲁　齐　韩
（二）古文毛｛郑——五经正义　王
（三）宋

今文有鲁、齐、韩三家，亦总称三家《诗》，此派即不论《诗》之作义，惟论其颂义如何——作义、颂义两名词，系清陈乔枞所创——此其重要关键，不可不知。讲《诗》本有名物训诂及义理两方面，名物训诂亦甚重要，三家自无不讲之理。此而不明，即颂义亦无从说起矣。

但今三家中，鲁、齐均全佚，《韩诗》分内外传，亦惟《外传》存。《外传》系韩婴所记，皆推论义理，而名物训诂，则均在《内传》。故今三家所讲名物训诂，可见者极少也。

古文派即所谓《毛诗》是也，据传授源流，此书第一老师为子夏，其后有大毛公、小毛公——出《经典释文》叙录——此说殊不可靠。《汉志》谓"……尚有毛诸自谓出于子夏"，"自谓"二字明为不信之口吻。一切经书传授源流,其姓名颇多伪造,不能取信于人,此古文家所以受人攻击,而不及今文家之处也。《毛诗》只讲名物训诂,不讲义理,故亦称诂训传。传本应讲经之义理,此传独在例外。然专讲诂训不成学问,故讲《毛诗》必连带及于小序,小序必说明一诗之作意焉。

汉末郑康成兼通今古文,初研究《韩诗》,后复治《毛诗》,后就《毛诗》作《笺》,颇采韩说。郑系不守家法者也。《笺》既释,复释《传》,实即后世之疏体。

汉祚渐衰,而今古文之传授统绪亦绝断,时惟郑说盛行耳。有王肃者,亦兼通今古文,此人好与郑玄为难,指斥郑注《毛诗》之误谬,不遗余力。于是今古文之争息,而郑王之争起矣。当时学者申郑难王者有之,申王难郑者亦有之。此等著作存古者,均在《经解汇函》中,可以翻阅。如欲知关于经学著述之目录,则可阅朱彝尊《经义考》。古《经解汇函》所搜集者,截止宋代止。宋以后书,须阅《通志堂经解》,至清代则有正续《皇清经解》。直至唐代定《五经正义》,用毛《传》郑《笺》本,其争乃息。

经学至唐代为一段落,唐代讲经学者绝少,为应试计,而读者则但读《五经正义》耳。

宋人研究经学风气一变,如欧阳修、苏辙、刘敞、王安石、邵雍、程颢、程颐、司马光等各各有其新说。司马光反对孟子,其说不传。刘敞著有《七经小传》,建设极少,只存残本。王安石著《三经新义》,曾立于学官,但仅为应科举,在所宗奉,今亦残缺。欧、苏等说,亦并不盛行。最盛者为二程派,后传与朱熹。《七经小传》《三经新义》中,均有关于《诗》之学说,欧阳修有《诗本义》,苏辙有《诗传》,二人均致疑于《诗序》。宋人眼光均注在义理方面。《毛传》本传本无可攻击,因《毛传》必与《诗序》相依为命,此《诗序》之所以受攻击也。

惟欧、苏仅致怀疑耳。迨南宋郑樵著《诗辨妄》始大肆攻击，朱熹之《诗集传》亦宗郑说，自此《诗序》不复能取信于人矣。朱熹为讲宋学者所宗奉，以宋人义理为标准，攻击《诗序》中不合此标准者，势自颇盛也。怀疑至于极端，遂及《诗》之本身，如王柏之《诗疑》是也。《诗疑》自郑卫起，以前相传有郑卫淫声一语，但郑声淫，不必郑诗亦淫。如今之皮簧声调淫靡，而其词白则不必随之而淫也。即郑声与郑诗均淫靡矣，而所谓淫诗是否即现存于今《诗经》中者，仍为一问题也。

清人讲汉学而反对宋学，其学问初讲东汉，进而讲西汉，讲《诗》则宗毛、郑，其关于《诗》之著述，有马瑞辰《传笺通释》、陈奂《毛诗传疏》、陈乔枞《三家诗遗说考》、魏源《诗古微》等，前二人为古文派，余为今文派。《传笺通释》经传并解，关于毛郑之说，可阅马、陈二书。魏源《诗古微》则从理论上斥古文家之不可靠，《三家诗遗说考》系陈乔枞父子所辑，极为精密。辑三家诗，起自宋之王应麟，仅成一薄本，陈氏父子之成绩，则倍蓰王氏矣。

《诗经》可以研究方面极多，或以博物家眼光研究之，如陆玑《诗草木鸟兽虫鱼疏》是也。或以文学家眼光研究之，或考其地理，如朱右曾《诗地理征》，或摘其古韵，而尤以古韵之关系为大。最初讲究古韵者，乃明之陈第所著之《诗古韵考》，全以诗为出发点，后又有顾炎武之《诗本音》，则更精审矣。近人研究《诗经》有二派，余意颇不谓然。其一以文学观念读《诗经》，结果与宋人之自定义理标准以观书相类，《诗》宜以文学眼光观之，意固甚是，但《诗》之为诗，实太古奥，假一不慎，即挽己意，故未可取也。汉景帝谓食肉不食马肝未为不知味，其意颇可采也。其又一则根据《诗》以研究历史，《诗》为古书之一，藉以研究历史，固无不可，惟决无以基础立于《诗经》之理，盖中国古书之可以为史材者有：

史材 { 史 { 《尚书》 《春秋》 《左氏》《国语》 《帝系》 } 传说 文学书 }

　　此三种中自以第一种为最可靠。《尚书》等固不可全假,如《诰》《尧典》……只可与清之《东华录》、雍正之朱批……同价观之。《春秋》又经孔之改削,《左传》《国语》为记事,本可靠性颇大;喜言神怪且尚征验,又用笔势利,对于将封被灭之国家,尚预加贬词,盖已有作用存乎其间矣。至传说又分二种,其一带小说性质,如《吴越春秋》载伍子胥过昭关,一夜而发白,此种荒诞之言不必论。其一为寓言,不问事实真相,随意记述,亦未足尽信。近人刘揆黎与顾颉刚论古史,顾以三数部书为根据,余皆不信,刘则杂引古书,以观之多而无去取,所谓楚固失,齐亦未为得也。文学书则较传说又逊一筹,其不确实性更大。

三、书 经

《书》于各经中乃特殊之典，各经对于"经说"有问题，于经文则无问题——经文本身只汉今古文略异数字耳——《书经》则不然，其经说固有问题，即经之本文，亦有真伪之别。伪者称之为伪古文可也。今文家谓《尚书》二十八篇外，皆伪经。经于二十八篇中，是否为今文，抑为古文，则难以知悉。群经中惟《仪礼》一书，最易别其为今文或古文，因郑《注》分别甚明也。孙星衍著《尚书今古文注疏》，各本字句异同，均行搜采，盖郑注《仪礼》之例。

今之谈新文学者，每谓司马迁尝抄袭《尚书》，而改易数字，足征言语随时代而变迁，凡古语当改为今语。其实不然，安知《史记》上所用非今文，《尚书》原本乎今，始终只见枚颐本耳。今人每以今古文对举，殊不知信今文家言者，虽以古文为伪，然与伪古文之伪中之伪，仍自有别。不能但以古今文对举也，而以古文与伪古文为一也。

今文《尚书》又有二说：一说为二八篇，一说为二九篇；关于二九篇一问题，又有二说，一谓二八篇外，更加《书序》一篇，合成二九。古书之序，列于卷末，作为一篇，自为通例。此所谓《书序》，并非孔子所作，孔子不过叙其书之次序而已。此系今古文家不能分清之说。一谓将汉人所得之《泰誓》篇——见王充《论衡》，谓汉河内女子发屋得古书，使博士读之，谓为《泰誓》篇——并入二八篇中成二九篇，此说颇确，隋之《经籍志》亦宗此说,《泰誓》篇今已佚,盖当时并未附入二八篇中也。

又古文十六篇东汉时有之,今亦佚去,仅有目录存于《书》疏中,今文家谓此十六篇为刘歆所伪,此语信否,无从论断也——汉马融、郑玄注古文《尚书》二八篇,而不注此十六篇,以无师说传授故也。

东晋时枚颐,忽出孔安国所得之古文《尚书》,较今之通行本,仅少《舜典》开首二八字。

晋有王肃者,曾注《书经》,其说与伪孔安国相似,故颇有疑肃窃安国之说,据为己有者,或谓孔安国所传之《尚书》,肃曾见过,故意隐藏不为人知耳。然未尝有疑为王肃所伪造者也。至宋之胡(吴)棫、朱熹,始疑古文《尚书》为伪书,数十篇中,文体之难易相差甚人,决不能无疑也。

朱子颇有注疏群经之气概,但《尚书》未注,其弟子蔡沈注之,作《尚书集注》,虽经朱子发凡启例,其实学究不若朱子远甚。

宋学至理宗时而大盛,与科举关系极深,可分为下之三时期:一元之延祐科举,一明初,一《五经大全》。

唐有明经一科,不过背诵古经,谓之墨义,应试类皆不能为文人者也。宋王安石改墨义为大义,一改昔时之背诵法而发表己意。

宋人治《尚书》者,有苏辙、欧阳修、王安石、程颐……欧、苏之学不传,惟王、程之学独盛。

宋之党争与科举亦有关系。新党执政,则崇王安石本;旧党执政,则废王本而用程颐注本。新旧党势力之消长,与士人关系极巨也。宋理宗信程朱之学,大为表彰,于是朱学大盛而王学衰。元延祐年间开科举,所用各经,均沿袭宋人注本。明初开科举,所用各经,亦与元同。至永乐年间编成《五经大全》,专备应科举者用为课本,自此书出而当时应试之士,不复攻其他各家注本矣。惟此书极鄙陋，明代学者共趋于陋，学殖之荒落也宜矣。虽然当时考究实学者亦未始无人，如焦竑、梅鷟等皆非死守《五经大全》之人。梅鷟致疑《伪古文尚书》，从客观方面考证之，虽不甚精密，实开此案之先河。清之阎若璩作《古文尚书疏证》，而证据乃大备。此外清人之注《书经》者，有惠栋《古文尚书考》、丁晏《尚书余论》、孙星衍《尚书今古文注疏》、王鸣盛《尚书后案》、段玉裁《古文尚书撰异》、陈寿祺《今文尚书经说考》、魏源《书古微》。

阎若璩之《古文尚书疏证》只证明《古文尚书》为伪造，尚未证明出于何人手笔；丁晏之《尚书余论》出，《伪古文尚书》之作者，乃属于晋之王肃矣。

清人之疏《尚书》可分两种，一为江声之《尚书集注音疏》，不甚精确；一为孙星衍之《尚书今古文注疏》。

依今文家言，谓《尚书》本不止二八篇，不过孔子所传讹此数耳，所谓《逸尚书》者，即未经孔子之传授，而散见于各书者也。古文家则并为篇而信之。

王鸣盛《尚书后案》一书专辑郑玄之说——王笃信郑说。段玉裁意见，亦偏于古文方面，故王、段所著二书结论，皆不甚信，惟材料尚可取耳。

关于汉学今古文之别，考究者清人有庄方耕、刘逢禄。庄、刘对于《春秋》有所建设，余则绝无。自魏源出，对于《尚书》之研究，更精深矣。

近人朱希祖在《北大月刊》发表一文，谓整理国故不难，只须解决汉以前各经今古文之争——国故中最生问题者，即此争论——即易下手解决之道，只须去其今古文家所争论者，而采取其所同者斯可矣。此说殊荒谬，犹今人往西洋，从罗素学，归而各述其师说，而意见或异，因而各是其是，争持难决，或欲取罗素原书为之解纷，其不徒劳而无功也几希。盖罗素之书，非恃其弟子本不可解释；强为释之，是以一己之私见为人解纷，非惟徒劳而无功，且将纠纷愈甚矣。

今人欲治经学，须先知门径；门径之最重要者，为各经之派别；研究各经之派别，当从汉学入手。非左袒汉学也，实因宋学专重主观，对于客观并不清楚，读宋学而不读汉学，犹读史者不观历代史事而专读史论也。

欲治汉学，须读下列各书：陈立《白虎通义疏证》、《周礼》《礼记·王制》注疏，陈寿祺《五经异义疏证》。读以上数书，对于汉学今古文之大要可知矣。

陈寿祺《五经异义疏证》系先将许慎《五经异义》辑出而加以考订者。

《白虎通》，汉十四博士在白虎观所讲，而班固笔录者也。书中全为今文，后世辑辞遂杂古文。此书条例最清晰，为治汉学者所必读。

又伪书虽系后人伪造，然必有其根据，非可凭空假造者，故于相当条件之下，尽可引用。盖"知伪书"为一事，"用伪书"又为一事，必知之而后相当条件下用之，非谓既伪即弃不可用也。整理国故与经之真伪问题，无甚关系，盖以历史的眼光观察之故也。如《周礼》一书谓为周公所作固伪，为战国时之作品，则真确矣。

四、礼记 仪礼 周礼

《礼记》《仪礼》《周礼》，后世称之曰"三礼"。但今文家言礼仅承认《仪礼》为孔子所传之书，故单称曰《礼》，或称《礼经》，以别于传，对于《周礼》则称之曰《周官》。古文家之说则不然，以六经皆为先王旧典，礼则系周公所制，孔子修之而已。故谓礼有《礼经》，今之《周礼》。《曲礼》今之《仪礼》。二种，且讥今文家惟有士礼，大夫公侯天子之礼，皆以士礼推致之。今文家则辩曰：公侯大夫聘礼之类皆非士礼，是以十七篇尽为士礼之说，诬也。要之三礼之传，古今文家各有家法，绝不相混，爱详述之。

（一）《礼记》 《礼记》非经也。凡孔手定者曰经。相传出汉戴德，其侄戴圣删而简之，是称《小戴礼》，即传于今日之《礼记》也，而别戴德原本，曰《大戴礼》。《大戴礼》今犹存在，然师承之系统不明，故人多不之信。据丁晏之说，则谓今《小戴礼》一篇中多包数篇，分析之适合于《大戴礼》篇，是知戴圣未尝删《大戴礼》也。又据康有为之说，今之《礼记》实儒家之《传》及诸子混合而成，而如《王制》出于《尚书大传》，《乐记》出于《荀子》，《中庸》可名为《子思子》，《缁衣》可名为《公孙尼子》之类是。

（二）《仪礼》 前汉说礼只有今文家言，迨后汉古文家与今文家乃多方反对，然《仪礼》不全之说，今文家终难掩护，且不得不承认之也。郑玄说礼，兼采今古，对于三礼悉为之注。自魏晋以迄于隋，学涉玄理，与两汉大异。然礼制不能凭空虚说，故此时治礼者，仍宗郑说，无有异议。唐定《五经正义》专引郑学，更不待言矣。然《周礼》缺《冬官》，《仪礼》又不完全，《礼记》又极无系统，故朱子起，即欲著《仪礼经传通解》，参酌己意，寻其条理系统，为大规模之传述，然未成而卒；其弟子黄榦继续为之，又成其一部分；至清秦蕙田《五礼通考》出，始告成功。

《五礼通考》等书二种优点：（一）有条理系统，（二）昔时偏于一方面者，今则甚为完全。

处今日而行三礼所定之制，固绝对不可能，然以之为史料，颇有价值。如吉凶军宾嘉等礼，可征古时之风俗制度，读丧服礼可明亲缘之关系，故研究社会历史者，不可不读礼也。

（三）《周礼》　《周礼》向有真伪问题，汉时古文家谓《周礼》系周公所手定，然汉武帝谓为"渎乱不验"，今文家尤非难，惟朱子谓《周礼》"曲折入微，盛水不漏"，郑樵则谓《周礼》确系周公所为，但未实行耳。此外议论尚多。至清代排《周礼》为伪书者，始方氏望溪也。方固迂儒，然研究礼学颇精深，其最大之疑点，即在王莽以前，未闻有制度若《周礼》者。是以知《周礼》决非王莽以前之书，当为王莽时刘歆所作，否则何以此种制度，独王莽时有之也。观《周官辩》。

康有为谓汉武帝所云"渎乱不验"之说颇确，谓如《周礼·祭礼》，将终岁疲于祭祀，势难实行，可见系杂凑而成，即可知其渎乱。又如封建制度之礼数等，与其他各书所载多不合，即可知其为不验，与《周礼》制度合者，仅一《管子》耳。然则《周礼》当如何休所云，必为六国之阴谋，至早亦当与《管子》为同时代之作品。康有为之《新学伪经考》，确定一切古文皆系刘歆所伪造。

虽然古今文家之所争者，欲各认为孔子手定之经耳，吾人为史料而整理国故，则真伪问题，亦可毋庸多辨也。

三礼之注释，汉以后，郑学专行，即有别家之注，终不背郑说。宋朱子有遍注群经气魄，礼虽未注，而门人陈淳（澔）^{黄榦弟子，陈大猷}^{之子。}所著《礼记集说》，悉宗于朱。元时科举所用，兼用《礼记集说》，于是郑学不兴，而三礼亦随之以衰。盖陈之《集说》，仅于字句上为空疏之解释，殊为荒谬。其后《仪礼》几至不可读，迨清顾炎武校十三经，《礼记》始可读焉。

《周礼》尚有一问题，即《周官》中少《冬官》一篇。昔河间献王悬千金征之不得，乃以《考工记》补入之，元时吴澄（澄）谓《冬官》杂见于五官中，但未另列耳。然反对者又各有其辞，即所谓《冬官》补亡问题也。其实《冬官》确已散亡，不必哓哓争辩也。

吾人整理国故，须用总算帐之书，^{胡适语。}故治《礼》当注意下列各书。

宋卫湜《礼记集说》　　　唐李鼎祚《周易集解》
胡培翚《仪礼正义》　　　孙诒让《周礼正义》
康有为《新学伪经考》

五、易　经

《易》在汉时本分今古文两派，今文《易》出于施雠、孟喜、梁丘贺三家，今已全佚，不能知其真相。虞氏出，孟喜为疑问。古文《易》出于费直，其书无经说。夫古人传经，所贵在"说"，如一部教科书不足贵，所贵者在乎教师之讲解与补充焉。汉之古文经尝有无说者，费氏古文《易》，其一种也。其书既无经说，乃以彖辞象辞文言充之，以解释《易》之经文，卦辞与爻辞，其学无师传授，盖可见矣。

费氏《易》内容如何？今亦不知，其后传为两派，一为东汉之古文家，一为魏晋之王弼。弼亦用费氏本而讲法则大异。汉主讲数——中国前所谓数，非纯粹之数学，乃术数也。凡天文、历律及一切迷信之事，均涉及也——其著名人物北方为郑玄，南方则虞翻也。魏晋既兴，而讲法一变。魏晋时哲学盛行，以易老或老庄并称，为哲学之根本思想，汉则尚以黄老相连举焉。东汉之《易》，今虽无全书，其为清人辑出者，则颇有可观。开山之第一功人，当推惠栋，所著有

《周易述》《易微言》《易汉学》等，而未脱稿者尚多，《周易述》亦未完全著成，其弟子江藩因有《周易述补》之作。诸著系初步功夫，自难求全责备。其第二人则为张惠言，张氏途径与惠氏绝似，所著有《虞氏学》《郑氏学》《荀氏学》等著，较惠氏为精密。第三人为焦循，据惠、张所得作，进之研究成《易通释》一书。

汉今文家《易》失传后，魏晋派即盛行，当时思想趋重哲学，以哲理谈《易》，普通人类能发挥几句，只有深浅之不同耳。至数术则为专门学问，非普通人所能了解者，此亦魏晋派《易》盛行之原因也。

关于《易经》本自体例如何，可阅《易汉学》。关于《易经》上各名词之定义，如"一""元"……可阅《易微言》。《周易述》为自注自疏之注疏体，各方面包举，魄力甚大。《尚书明堂大道录》一书亦惠先生所著，与数术之学互相关连。张著除前述诸种外，并会集众意，成《易义别录》。惠收辑于前，张校订于后，古文已亡，得复窥其内容者，惠、张、焦诸先生之功也。

魏晋派《易经》，现存《十三经注疏》中，系王弼辑，韩康伯所注，完全讲哲理者也。此派直传至唐代，唐定《五经正义》，亦采用之，古人之易学大概如此。

凡学问必涉及哲学方能稳固，宋学有哲学上之根据，其哲学上之立足点，即为《易经》。宋学之真正根源为华山道士陈抟所传之二图，一为太极图，一为先后天图，即后人所称"河图洛书"者是也。后人讲《易》，乃分两派，邵雍以十为河图，九为洛书，刘牧则反是。邵未直接注《易》，而著有《皇极经世》，刘著《易义（数）钩隐》，二人各发挥其主张，至程颐著《易传》，亦称《程传》。不以邵说为正当，乃称之为"易外别传"。佛家有教下三家，禅宗不著书立说，全赖直觉参悟，故称教外别传，以其本身未可非，但不认其为正当耳，程意亦犹是也。朱熹学问出自闽派，闽派则出于洛派，故朱著《周易本义》，大概与程传相仿佛,且较逊焉。程本谈易理者,朱自当与之同辙,惟朱书即首忽列入陈抟之先后天图,是矛盾甚矣。然在元明之世,人咸奉朱子若神明,弃程而从朱,于是所谓先后天图者,亦连带被取矣。其有发不信先后天图之论者,则谓此图并非朱子所列入,就书之本身既不能证明为朱子所亲置,即在他处亦颇多与此图相反之论焉。

宋学中虽有此争辩,惟事实上终不能推翻此图。自元明以来,凡讲《易》者,盖无不连带讲图也。直至明末而反动起,首从考据方面而攻击易图者为黄梨洲先生。胡渭继之著《易图明辨》,考据益精,结果证明此图出于道家陈抟,非儒学之物,自此遂被推翻。

总之,《易经》一书,归纳前人所研究,一为数,一为理,数为专门学问,惟讲理者,亦不可不稍通于数也。

关于《易经》,余个人尚有一意见。余以为中国古代学问,无论何家,其根源盖无不相同,至少亦极接近,世无凭空创造之学说,必有渊源可寻。古代学术,盖皆以《易经》等书为根据,故胡渭并不驳易图之误,只能证其为道家所出耳。方东树所著《汉学商兑》,反对汉学,颇有偏见,但自谓河图洛书,只能证明非出儒家,不能谓其与不合,其言甚是,故吾意儒实不能分也。根据此理,可知古时各家学说,盖完全相通。汉之今文《易》,今虽全佚,依此道,亦又辑出其一部分。余曾思得一着手处,即《淮南子》有《原道训》一篇,据《汉书》注,此为淮南子易九师所著成,颇似汉之今文《易》,因其与《易纬》多相同也。《易纬》诚系假书,惟必有所本。造《易纬》时,古文尚未出世,故除荒诞处不足信外,殆全与今文《易》相合,《易纬》既似今文《易》,而《原道训》似《易纬》,是即《原道训》为今文《易》矣。若假定《原道训》为今文《易》之经说,自此出发,合此者辑出之,则今日《易》或有重观之望,亦未可知,惜事实上无力从事于此耳。

六、春　秋

　　《公羊》《穀梁》《左氏》之三传，三传之说，各有异同，信之疑之，代有其人。三传《公羊》《穀梁》为今文，《左氏》为古文。自清末崔适之《春秋复始》，考证《穀梁》亦为古文，然《公》《穀》解经，《左氏》纪事，世所公认也。《春秋》一书，自来无以历史目之者，观《孟子》："其事则齐桓晋文，其文则史，孔子曰其义则丘窃取之矣。"可以知之矣。

　　《公羊》

　　考《春秋》一书，乃孔子据鲁史作成者。于其原文，或仍之，或改之，例如《公羊》上"夜中星陨而雨"一语，即孔子改后之条文也。又如《礼记·坊记》中所举之鲁《春秋》与今之《春秋》同，此即孔子未修之条文也。故郑樵氏曰："《春秋》者，鲁史记之名也。有未经夫子笔削之《春秋》，有已经夫子笔削之《春秋》。"太史公谓："文成数万，其指数千。"盖《春秋》之作，各条皆有用意，但其意隐而不显，故非亲炙孔子者，不易解索其本意。而究其所以然，缘当时欲讥刺国君，不得不隐其辞也。故曰"定哀之间多微辞"，又曰："主人习其读而问其传，则未知己之有罪焉尔。"

　　《公羊传》中无后世之所谓例。例者何？即同一文法而其义相同也。例如"罢国务总理段祺瑞"，是乃不当罢而罢之，罪总统者也。

"国务院总理段祺瑞罢",是乃罢者与被罢者皆无罪也。若被罢者有罪当罢,则书"段祺瑞罢",此即后世之所谓例也。但此理不适用于《公羊》,故讲《公羊》者不讲例。全书一例之说,起自晋杜预之疏《左传》。至于《公羊》则同一字句,若见于不同之处,其义往往大异。《春秋》美恶不嫌同辞,此之谓也。董仲舒曰:"《诗》无达诂,《易》无达占,《春秋》无达辞。"亦此之谓也。

《穀梁》之体例与《公羊》相近,但无甚道理。

《左氏传》

《左氏传》中记事多而讲义理者少,且其中有经无传者有之,有传无经者有之,信之者谓《左氏》一书,系孔子之友左丘明所作。左丘明恐孔氏弟子听夫子之言,退而各按其意,以失其真,故论本事而为三传,明夫子不以空言说经也。不信《左氏》者,谓《左氏传》与《春秋》无关,所以与《春秋》有关系者,皆汉刘歆治《左氏》,引传文以解经之所致也。此汉今文家谓"《左氏》不传《春秋》"说也。至近代之今文家,并谓《左传》无此书,左丘明亦无此人,左丘明三字只见于古文家所传之《论语》。即左氏有此人,亦未尝作《左传》,观太史公与任少卿书内"左丘失明,厥有《国语》"之句可知矣。《左氏传》实为刘歆据《国语》而汇编之书,并加以《春秋》之说耳。此为清末康有为之主张。

孔子作《春秋》,专重书法,以历史之眼光观之,书法似可置之不论。然有时不通书法,则不能得其事之真者。例如:"正月卫人伐齐,楚杀其大夫,三月晋人伐卫。"以文字之表面观之,则正月中有两件事,二月中无事,三月中有一件事也。其实不然,年月之表明与否,不以时为标准,乃以事为标准者也。盖何事须表明日月,何事毋庸表明日月,皆有定例焉。有蒙月与不蒙月之别。如前楚之杀其大夫之事,亦可在二月中也。而《公羊》上又有"所传闻世"、隔代传闻之事,最略。"所闻世"、所闻之事,稍详。"所见世"最详。三种。《春秋》所记诸侯会盟，初年国数少，末年国数多。据《左氏传》，则谓初年会盟，国数实少，末年何故会盟国数较多也。但据《公羊》之说，则有"据乱世"、"升平世"、"太平世"三种。春秋初年为据乱世，所治之国少，故少书之。其后为升平世，最后为太平世，所治之国之多少，依此而增，故所书者多也。此《左氏传》与《公羊》书法不同之点也。

附　三传源流考

《公羊》　汉传《公羊》者为胡毋生、董仲舒及十四博士中严彭祖、颜安乐二人。董传为《春秋繁露》。自此以后，无人过问，几成绝学，直至清代之刘逢禄、庄存与始继起研究。二人皆有著作，刘逢禄有《刘礼部集》。清人疏《公羊》者，有陈立之《公羊义疏》，颇有价值；近人研究《公羊》者，有康有为之《春秋董氏学》，崔适之《春秋复始》。《春秋董氏学》系根据《春秋繁露》而编纂者，《春秋复始》内谓《左传》《穀梁》皆刘歆所伪造。刘歆先造《穀梁》，后造《左氏传》。以余观之亦未必然也。崔氏又谓汉时无所谓三传，以汉时只有一《公羊春秋》而已，并无所谓经与传之别也。以余观之，汉时经传本分不清楚，非独《公羊》然也。

《穀梁》　注《穀梁》者，为晋之范宁。但范不守家法，虽注而仍驳之，故此书不可为传。《穀梁》之正宗，如欲观其条例，当阅清柳兴宗之《穀梁大义述》。

《左氏传》　三传中治《左氏》之学者最多，约可分为两派，杜预以前有一派，自杜预以后为一派。杜以前治《左氏》之最著者为服虔。《左氏传》无师说，故东汉人治《左氏传》仍遵《公》《穀》之条理，实则《左氏传》十之七八可脱离《公》《穀》而独立，故脱离《公》《穀》，自定条例实为研究《左氏传》之改进。晋杜预一变陈法，另立新说，诚《左氏》之大功臣也。杜研究《左氏》,定凡例,凡者如"凡雨自三日以往为霖,平地尺为大水(雪)",是其凡也。例则《左氏》所未明书者,杜氏乃著《春秋释例》_{此书已逸}。以明之。自杜以后治《左氏》者,又分两派,_{自南北朝始}。一主杜说,一主杜以前之说。如刘炫之《规过》,即反杜说者也。_{刘文淇考今疏中驳斥刘炫之说,即剽窃炫说作《左传旧疏考证》}。洪亮吉之《春秋左传诂》系采取杜以前诸家治《左氏》之学说,而集其大成者也。

又有一派,对于三传均加怀疑,谓欲治《春秋》,与其研究三传,不若直接研究《春秋》经之为愈也。此派学说起于啖助与赵匡,其弟子陆淳曾有著作行世。_{昔韩退之赠赵、啖二人诗曰:"春秋三传束高阁,独抱遗经究终始。"}宋人治《春秋》亦主啖、赵之说,其最重要之书有两种:(一)孙复之《尊王攘夷发微》,(二)胡安国之《春秋传》。宋人之讲"尊王攘夷"与汉人所讲不同,宋人持论冷酷,完全为偏狭之"种族思想""排外主义"所酿成,故戴东原骂之曰:"专讲名义,不讲情面。"讲尊王不过因为当时天下纷扰,非王不足以镇摄,故重尊王;其讲攘夷亦具偏狭之种族思想杂其间。

胡安国所著《春秋》,自称为"传",因之《公》《穀》《左》《胡》谓之四传,后皆立于学官。《春秋》一书不可以历史目之,然其中史料,实有足取者,观清顾栋高之《春秋大事表》可得其要也。

七、四　书

　　四书者，《大学》《中庸》《论语》《孟子》是也。朱子于《大学》《中庸》有章句，于《论语》《孟子》有集注。《大学》次序，颇有颠倒，《中庸》次序虽不甚颠倒，然章句人异，故称章句。《论》《孟》则无问题，以合前人之说，谓之集注。朱子注《四书》稿屡屡改易，观其《四书》或间可以知其所以改之之理。朱子文集中，与人问答之语，尝辑为《语类》，而《四书注》之所以改易，亦有散见于文集语类中。讲程朱之学，多以文集语类为根据，今非研究程朱，不赘论。

　　《四书》古有何晏集注，十三经所辑者是也。至清在日本得一书，名《论语皇侃疏》，是书作于南北朝时，不知何时流于日本。从大体观之，尚非伪书，反对此书者，乃以一节而概全体也。

　　《孟子》古注有后汉赵岐_{邠卿}之注，昔人对于是书不生真伪问题，以予观之，颇有可疑。赵注一书在昔固存，今传赵注是否真本，实尚问题，即以今注"摩顶放踵"一句观之，与《文选》曾引赵注比较已不合，《文选》所注至为通达，而今注则不通矣。此在《校勘记》亦见之。是书在童时读之，觉无甚价值。予凡读二遍，读后曾将其讹误处摘出数十条。赵注颇费一番苦心，而今所传者，则似非有精见者之著作，即章旨亦多属敷衍之词，在南北朝以前未之见，果属伪书，亦当为隋唐时物矣。《孟子疏》标题为孙奭，实为邵武士人所作。

朱子语甚确，其友曾识其人。此《疏》最属无谓，注中精要处，均未疏出也。赵注在最切实处，亦未能畅达，其所引事实，颇类小说。对于汉以前之人，又未尝加注，故予谓其颇有疑处也。至书中之疏，则更系敷衍之作，不能为注更张诸经之疏，实以此为最不切实矣。清有刘宝楠《论语正义》、焦循《孟子正义》，焦书搜集极博，堪称佳作。

八、孝　经

《孝经》可分两派：

$$《孝经》\begin{cases}今文郑玄——传自荀昶\\古文孔安国——刘炫所伪造\end{cases}$$

开元御注用今文本，朱子重订用古文本，而又有删节。《孝经》本先有一真伪问题；若认为真，则今古文何者为真，仍属一问题；今传之本是否真本，又属一问题。此汉人称传不称经，为教（一）常人，（二）为初学之书。以予观之，此书真伪不必穷考。孝之义，儒家言之者多。《孝经》之说孝，亦粗浅无谓也。惟汉确有是书，及后分为两派，今文家郑玄，传自晋荀昶，诸书皆有传授源流，独《孝经》则无之。虽诸经中亦有引《孝经》之句，但不能考其渊源。今文然，古文亦然。今古文之别，字句略异，本不成大问题。而古文多"闺门"一章，比今文多四百余字。迄唐玄宗忽有注意《孝经》，是时复分二派，主古文者讥今之略，主今文者讥古文言太鄙陋，结果御注用今文。因御注用今文，古文遂亡。至宋朱子复用古文本，然亦有删节。至清《孝经》郑注有八辑，至于孔注，在日本得一书，属于伪造，郑注有湖南皮锡瑞《孝经郑注疏》。

九、尔　雅

《尔雅》为何人所作,此问题颇为麻烦,一说首篇作自周公,甚荒谬;一说出自孔门,一说汉儒集训诂之说而成。大约第三说较可信。

《尔雅》为郭璞所注,郭璞曾注《山海经》,故深信《山海经》之说,惟著此类书者有一病,不知《山海经》多为前人所窜改,一部分确为汉以前人所作。郭璞信是书,于是注古书亦以之为根据。如《尔雅》释鱼,即以辽东之鱼释之,即动植物亦以外国之名释之。是时中国无此疆土,是其谬也。李巡注九夷,牵入高句丽之类,高句丽在汉时始见;孔子之所谓九夷,则在淮水一带。魏晋人注书大抵有是病。此讲注之本身已属谬误,他则非所论也。迄清有二疏,一为邵晋涵《尔雅正义》,一为郝懿行《尔雅义疏》,二书互有佳处。

国学概论

回忆我的老师吕诚之(思勉)先生(代序)

黄永年

　　我听史学大师吕诚之(思勉)先生的课,做他的学生,已是四十年前的事情了。当时正是太平洋战争爆发的第二年,日军进驻上海租界后光华大学停办,吕先生回常州,应聘到离城不远湖塘桥镇上的私立青云中学教书。这是一所刚开办的"地下"学校,表面上向日伪登记,骨子里是原苏州中学的几个常州籍教员弄起来的苏州中学常州分校。办学人以请到原光华大学历史系主任吕思勉教授任教为号召。我也闻风而动,转学到这所中学做了吕先生的学生。所以严格地讲,吕先生只是我的中学老师,不是大学老师。但确是我生平第一次遇到的好老师,是把我真正引进学问之门的导师。

　　我之所以闻风而动,倒也不是徒慕大学教授系主任之虚名,而是确确实实对吕先生的学问钦佩。原来在我十四岁的时候,在已沦陷的常州的书摊上买到一本吕先生的商务印书馆版《经子解题》,引起了我研读古书的极大兴趣。先母对我说:"这本书的作者吕先生和我们还沾点亲戚呢!"(先母姓程,是吕先生的母亲程老太太同族的内侄孙女)因此当青云中学开办时,我虽只是个十六岁的小青年,而且先父早去世,多年来一直和教小学为生的先母相依为命,很少离开家,这时也下定决心,离家去做心仪已久的吕先生的学生,对此先母也给我很大的支持。

　　我到青云中学是上高中二年级，而当时青云中学最高的班级也就是高二，办学的人因为请到吕先生，就把高二文理分科，由吕先生给我们文科班学生开设"国学概论""中国文化史"两门专门课程，另外班上的"国文""本国史"也理所当然地请吕先生担任。四门课合起来每周有十二小时，吕先生给我们整整讲了一学年。后来才知道在大学里也很难有机会听名教授讲那么多钟点。

　　因为是高二，"本国史"从元代讲起，基本上是象他所著商务一九二四年版《本国史》（新学制高中教科书）那样的讲法。这本书现在已经很少有人知道了，前些日子看到汤志钧同志所写的《现代中国史学家·吕思勉》，附有"吕思勉先生主要著作"，其中就没有提到这本《本国史》，也许认为这只是教材而非著作吧？其实此书从远古讲到民国，只用了十二万字左右篇幅，而政治、经济、文化以及典章制度各个方面无不顾及，在取舍详略之中，体现出吕先生的史学史识，实是吕先生早期精心之作。有些青年人对我讲，现在流行的通史议论太多，史实太少，而且头绪不清，实在难读难记。我想吕先生这本要言不烦的《本国史》是否可给现在编写通史、讲义的同志们一点启发？

　　在讲授上，吕先生也有其独特的风格。他当时已是五十八岁的老先生，但课堂里从不设坐椅，老是站着先在黑板上写一段，然后从容不迫地边踱方步边讲说。他没有叫我们买教科书，也没有专门印发讲义，但把吕先生每次写在黑板上的抄下来就是一部好讲义。而且文字不长，要言不烦，抄起来也不吃力。他讲说也同样言词清晰，语气和平，而内容处处引人入胜，笔记起来也很省力。所以我感到听吕先生的课简直是一种学问上的享受。附带说一下，吕先生在黑板上写的是文言文，这种文言文既不象章太炎那么古奥艰深，又不象梁任公那么多水分,而是简雅洁净,这对有志文史之学的青年人学习文言文也是一个很好的典范。

"国学概论""中国文化史"这两门课程,今天不仅中学生,恐怕大学历史系的学生也不很清楚是怎么一回事了。其实,"国学概论"者,即"中国学术思想史"之谓,这比现时的"中国哲学史"的范围似乎还要宽广一些。"中国文化史"则包括社会等级、经济情况、生活习惯、政治制度,以至学术宗教等各个方面,而作综合的历史的讲述。在此以前,吕先生写过一部《中国通史》,一九四〇年开明书店出版,其上册就是文化史,这次给我们讲的"中国文化史""国学概论"的基本内容都已见于这本上册里。这本上册是第一部真正的"中国文化史",前此日本人高桑驹吉也写过一本《中国文化史》,但实际上和《中国通史》差不了好多。最近胡乔木同志谈到要编写"中国文化史",我建议编写者把吕先生这册旧著找出来读一读,将会得到好处。

在这里我想着重讲一些吕先生教我们"国文"课的情况。因为一般人只知道吕先生是史学家,不知道吕先生还是一位对中国古典文学以及文学史深有研究的学者。可惜吕先生在这方面的见解除在《宋代文学》这本小册子(一九三一年商务版)里披露过一些外,从未写成专书,不为人所知,因此作为当年的老学生有义务在这里向大家介绍。

我记得上第一堂"国文"课,吕先生就宣布用《古文观止》作教本。我当时听了大吃一惊。《古文观止》我在十三四岁时就选读过,不久买到姚鼐的《古文辞类纂》,又有了点文学史的知识,早薄《古文观止》为村塾陋籍。何以吕先生这位大学者忽然要用这种陋籍作教本呢? 可是接着吕先生就作解释了,吕先生说:所以用这部书,正是因为它选得坏。坏在哪里呢? 吕先生从"古文"这个名词来申说。吕先生说:所谓"古文"是和骈体文相对而言的,可是这部《古文观止》里却选了六朝隋唐的若干骈体文,如《北山移文》《为徐敬业讨武曌檄》《滕王阁序》之类,说明编选者根本不知"古文"为何物! 既然选得如此乱七八糟,为什么还要用作教本呢? 吕先生说:正因为它选得杂乱,各种文章都好坏有一点,作为教本让大家多了解些东西还是有好处。当然,通行易得也是用它的一个理由。

《古文观止》虽是陋籍,其中所选的文章还应该是好的,这是我过去的认识。但吕先生不这么看,他指出:《古文观止》这部书是为科举时代学做八股文的人诵读的,做八股文要从没有话可说处硬找话说,因此《古文观止》所选的有相当一部分是说空话发空论的文章。吕先生在选讲唐宋八家的文章时还不止一次地说:八家是能写好文章的,但选在这里的往往不是好文章,主要原因就是此书专要选空议论文章。再有一个原因,就是此书要选短文章,有些好文章篇幅长,就不予入选。吕先生还举《史记》为例,说司马迁的《史记》是有许多好文章的,但因为长,所以此书不予入选,尽选些短而空的文章。

吕先生所讲授的文章不一定是他认为好的,不好的也讲,讲它不好在哪里。我记得最清楚的,一篇是王禹偁的《黄冈竹楼记》,吕先生说它不好;不好在哪里,在不纯;开头写古文,中间来几段骈文,最后又是古文,不纯就不美。再一篇是苏轼的《潮州韩文公庙碑》,这更是一篇万口传诵的大文章,可是吕先生认为也写得很不好,一上来说的"申吕自岳降,傅说为列星"和下面所讲的孟子"浩然之气"根本是两回事,不应硬扯到一起,最后的七言歌辞又不古,古文中不宜有此。

吕先生当时所讲的四门课我都作了详细的笔记,写在黑板上的当然一字不漏地抄下来,口述的也尽量记下来,外加〔　〕号以与板书区别。其中尤以"国文"课的笔记更详细。吕先生逝世后,在一九六一年我曾把它整理写成清本,可惜被友人借阅,不在手边,所以上面所述多凭记忆,不尽原话。但意思是不会有出入的,因为吕先生当年讲课的精采之处实在给我印象太深,虽事过四十年犹有历历如昨之感。不仅"国文"课,其他几门课也无不如此,譬如"国学概论"的佛学部分,本来是最难讲、最不好懂的,何况听课者还是毫无哲学常识的高中生,可是他不慌不忙,只用三小时左右就把佛教大小乘的基本教义、中国佛教主要派别法相宗、天台宗、华严宗、净土宗、禅宗等在理论上的异同得失讲得清清楚楚,使人听起来很有味,一点不难懂。这不是凭口才,而是真正有批判地研读各宗重要经、论后才能做得到。我很惭愧,《大藏经》虽摸过,经、论迄未从头到尾读过一种,现在有时能对付着讲几句,还是靠当年吕先生讲授之赐。

同时并讲四门功课应说是很繁重的,叫吕先生从未因此停止撰写"断代的中国通史"的工作。吕先生在早年撰写过一部在当时影响极大的通史——《白话本国史》(一九二二年商务版,四册),但他后来认为只是"粗浅的东西",计划撰写一部详尽的断代的中国通史,分成《先秦史》《秦汉史》《两晋南北朝史》《隋唐五代史》《宋辽金元史》《明清史》六部,全部完成至少有四五百万字。《先秦史》已在一九四一年由开明出版。《秦汉史》《两晋南北朝史》后来在一九四七、四八年由开明出版,承吕先生各送我一部。《隋唐五代史》在解放后一九五九年由中华书局上海编辑所出版,已是吕先生身后的事,可惜出版者出于今天看来不必要的顾虑,把前言删去不印,全赖吕先生的女儿翼仁同志把被删的这部分打印出来,分赠知好,才不致失传。我现在手头还保存一份,将来如重印,建议能补进去。而且希望《先秦史》等三部也赶快重印,台湾省的开明书店早已重印了,我们实在没有理由不印。至于宋以后的两部,吕先生晚年身体不好,没有精力完成,改用札记的方式把研究成果写出来。吕先生是一向重视写札记的,抗战前吕先生的部分札记就曾以《燕石札记》

的名称在一九三七年由商务出版,晚年大量的札记除一九五七年由上海人民出版社印了一册《燕石续札》外,绝大部分还未问世,听说现在已有出版的希望,这是大好事。

我当吕先生的学生时,吕先生正在写《两晋南北朝史》,住在离中学不远的一家居民楼上,单身一间房,很清静。我课余去看他,看到他写作的实况:桌上是几堆线装《二十四史》中的《宋书》《南齐书》《南史》之类,吕先生一边逐卷看,一边摘抄用得着的史料。吕先生是书法家,写字的结构有点象颜书《多宝塔碑》,但比《多宝塔》更刚劲挺拔。摘抄的史料一笔不苟地写在自印方格稿纸上,既清晰又好看,体现出前辈学者谨严的治学风度。摘抄的史料分好类,加以排比,连贯成文。这正式的文稿我也看到,字的清晰不必再说,连文句都极少改动,最后就付印出书。以《两晋南北朝史》而言,全文一百多万字,连抄史料恐怕至少手写了二百万字以上,还不算过去读书和行文思考的功夫。我想,一个人能以毕生之力写出百万字的巨著,也就不容易了,而吕先生除《两晋南北朝史》外还前有《先秦》《秦汉》,后有《隋唐五代》,还有其他十多种著作。古人说"著作等身",如果把吕先生的全部著作象古人那样统统刻成木板书,堆起来恐怕几个"等身"还不止吧!

这几部"史"现在大图书馆里总还有,我常劝有志研究我国历史的青年认真读一读。以我的浅学,当然很难对这几部巨著作出全面的确如其分的评价,我只想谈两点。一点,这几部巨著都分上下册(只有《先秦》合一厚册),上册政治史我认为是一部新的《通鉴纪事本末》,下册文化部分我认为是一部新的《文献通考》。新于《文献通考》者,《通考》只引用纪传体史的志和《通典》等现成的典章制度史料,而吕先生的书则除这些史料外,更多地引用了散见于列传中的大量有关史料。这个工作前人也做,如宋人的《两汉会要》、清人的

《三国会要》《明会要》,近人杨树达先生也曾沿此方法撰写过一册《汉代婚丧礼俗考》,但都比较片段,远不如吕先生这几部巨著之规模大而探索深。新于《通鉴纪事本末》者,《纪事本末》只本《通鉴》剪裁,这几部巨著则以纪传体史为主,兼取《通鉴》,考核异同,寻求真相,对许多重大历史事件提出精辟的看法,绝不囿于陈说,这非司马光等旧史家之所能及(我现在研究唐代政治史,在方法上很大成分还是受吕先生这几部书以及陈寅恪先生《唐代政治史述论稿》的启发)。再有一点,对史学稍有修养的人都知道,写单篇论文容易见精采,写通史、断代史则很难写好。这是因为论文总挑自己有研究的东西来写,没研究过的可以回避不写,而通史、断代史必须面面俱到,不管有没有研究都得写,遇到没研究过的就只好敷衍剿袭,自然精采不起来。吕先生这几部书则不然,几乎每个问题每一小点都下过功夫钻研,所以写出来的可说有百分之九十五以上是自己的东西。如果把这几部书拆散改写成单篇论文,恐怕要数以千计。谁能一生写出这么多的论文呢?单就这点就足见吕先生之不易企及了。

吕先生所用的《二十四史》也值得谈几句。倒不是版本好,版本实在太普通,是当时比较价廉易得的图书集成局扁铅字有光纸印线装小本。但打开来一看,实在使我吃了一惊,原来全部从头到尾都动过笔。过去学者动笔点校书虽是常事,能点校整部《二十四史》的便不多,即使有,也无非是用朱笔断句,或对好的文句加圈点。可吕先生这部《二十四史》不一样,是用红笔加了各种符号,人名加[ ],有用的重要史料圈句,名物制度在词旁加△,不仅纪、传如此加,志也加,很少人读的《天文志》《律历志》也加,连卷后所附殿本考证也加。后来我读《二十四史》里的《三国志》,借了吕先生的校本想过录一部,可是由于怕下苦功,过了两个月还是一笔未下,把原书还给了吕先生。吕先生的断代式中国通史所以写得如此快,几年就是一大部,其主要原因之一应该是他对《二十四史》下了如此扎实的基本功。吕先生究竟对《二十四史》通读过几遍,有人说三遍,我又听人说是七遍,当年不便当面问吕先生,不知翼仁同志是否清楚。但我曾试算过一笔账:写断代史时看一遍,之前朱笔校读算一遍,而能如此作校读事先只看一遍恐怕还不可能,则至少应有四遍或四遍以上。这种硬功夫即使毕生致力读古籍的乾嘉学者中恐怕也是少见的。

说到这里,可以顺便讲讲吕先生的藏书。书都藏在常州十子街吕先生的私宅里,是祖上留下的几进老式平房,书放满一、两间,满满几十只书箱。这种书箱是吕先生请木工定做的,不太大,木门不镶玻璃,可上可卸,可随房屋高底宽窄堆叠成各种不同的形式,万一搬动也不用把书倒出来,比现在通行的书橱、书架似乎还合用些。箱里的书不仅有线装书,还有大量的平装新书,是商务、中华等的出版物,除历史外,政治、经济、哲学各个领域的新书无不应有尽有。我曾问吕先生借过几本冯承钧所译的史地考证小册子,发现每一本吕先生都看过,而且对他认为有用的史料或好的见解象《二十四史》一样用红笔圈句。线装书,没有什么旧刻旧抄、善本秘笈,而只是通行常用的刻本或石印、排印本,但都认真看过,不象有许多人的藏书只是随便翻翻,甚至买回来往书架上一放永远不翻看。至于善本书,吕先生也有他的看法。我当时曾问过他商务的百衲本《二十四史》好不好(都是影印宋、元、明旧本善本)?吕先生说:有的也不见得好,有个朋友曾用宋本《晋书》和殿本对过,发现宋本反而比殿本错得厉害。但吕先生又说:张菊生(元济)先生把百衲本中长于殿本的重要异文写成一部《校史随笔》,很可以看。可见吕先生并没有否认旧本的长处,只是不以为"凡宋刻必好",没有某些藏书家"佞宋"之癖。

吕先生记闻之博还可举个例子。有一天,翼仁同志问他:爸爸,元代的"知院"是什么? 这是个不常用专门名词,吕先生可不慌不忙地马上回答:"知院"就是知枢密院(枢密院是主管军事的机构)。我当时在旁边听到,后来翻过《元史·职官志》,果然如此。可是差不多同时,就有一位颇为知名的史学家在所写的作品里把"知院"臆解成和尚,又不肯去查《元史》。我认为人之高下正可从这种看似细微的地方分辨出来。吕先生尽管博学,但从不想当然,不知道就是不知道。我当时读黄仲则的《两当轩诗》,有一首咏归燕的七古,典故很多,有几处不知道出处本事,问吕先生,吕先生解释了几处,但对"神女钗归锦盒空"一句也不清楚,就很和平地对我说:这是什么典故我也想不起来。这种平易朴实的态度使我很感动。我以后也当了老师,当学生问起我不懂的问题时,我就学吕先生,老老实实对学生说:我也不懂。或者说:我记不得了,可以查查什么书。学问如大海,而人的生命精力有局限,即使自己专攻的学问里也必然有许多自己解决不了的问题,要留待下一代来继续解决。硬把自己假装成无所不知,适说明其浅薄无知。

吕先生对不同学派的人是很尊重的,只要人家确有真才实学。如顾颉刚先生编著的《古史辨》,很明显和吕先生是不同的学派,但顾先生的高足童丕绳(书业)先生抗战初到上海,认识了吕先生,马上被吕先生请到光华大学历史系任教。童先生当时继续顾先生的工作,编集《古史辨》第七册,又得到吕先生很大帮助,不仅帮童先生看文章、看校样,还允童先生之请把自己的古史论文编进去,答应和童先生共同署名作为第七册的编著者。我过去也久知《古史辨》之名,但总认为是史学的旁门左道,从不一看其书。这时问起吕先生,才知道吕先生和童先生合编第七册之事,从而对《古史辨》重视起来,托友人从上海买了寄来细读。这年冬天听说童先生有事路过常州,就请人介绍引见,以后成为童先生的学生、女婿。又因童先生的介绍成为顾先生的学生。使我由此在先秦古史上打了点基础，并且懂得如何用《古史辨》的考订方法去研究后代的历史。这些事溯其源，还应该归功于吕先生的不党同伐异啊！

听童先生说顾先生写信给吕先生都自称后学，但他们和吕先生毕竟只是朋友，没有师生关系，而吕先生即使对自己真正的学生也是虚怀若谷。现在魏晋南北朝隋唐史的权威唐长孺先生当年曾听过吕先生的课，是吕先生的学生，一九四八年在《武汉大学社会科学季刊》上发表了一篇题为《唐代军事制度之演变》的论文，寄给吕先生，吕先生认为讲得好，在撰写《隋唐五代史》的兵制部分时就把这篇论文的要点全部引用进去，并且说明是"近人唐君长孺"的看法，说"府兵之废……近人唐君长孺言之最审"。老师对学生的学术成就如此推重，真值得我们今天身为老师者学习。

多年来在极左思潮的影响下老是批知识分子的名利思想，其实有些知识分子专心致志于学问，名利思想实在不多。我在吕先生身上就从未发现过有什么求名逐利的东西。在抗战前，吕先生早已是一位在史学界负有盛名的学者了，胡适想请他到北京大学去。论理当时北大文科是全国头块牌子，而吕先生所在的光华大学则是排不上号的私立学校。但吕先生拒绝了，理由是：光华的文学院长钱子泉（基博）先生是我多年的老朋友，我离开光华，等于拆他的台，我不能这么做。为了帮助老朋友办好学校，甘愿放弃北大的优厚条件，这不能不说是一种高尚的品德。

吕先生的修养也真好，从未见他有过疾言厉色的时候。有一次我到十子街老宅去看他，他留我便饭，他家的黄猫爬上桌子，把他筷头上的菜打下来就吃，他也不生气，更未叱责，笑笑就算了。对猫如此，对人可知。学问如此大了，当年的老朋友（学问成就远不如吕先生甚至并无学问的）还是老朋友，那天一起吃饭就有他的几位同乡老友,大家谈笑风生,在他身上丝毫看不到有所谓教授学者的气派。当然,吕先生待人也不是无原则的,他也讲到坏人,但只是心平气和地说某人如何不成话,说过就算,从不骂。

我正式听吕先生的课只有这一九四二年下半年到四三年上半年一年功夫。四三年暑假后吕先生没有再来青云中学,在十子街老宅埋头撰作,由开明书店支送稿费以维持生活。这时期我还常去看他,向他借书。《太平广记》这一大部集自古至唐五代小说大成的古籍我久知其名,多年无法看到,就是这时候向吕先生借来看了几遍。我后来撰写明器论文所用的史料就大部分从这部书上看来的,以后把兴趣转到研究唐史,这部书也起了一定的诱导作用(这部书里唐人小说居多)。抗战胜利,光华大学在上海复校,吕先生回校主持历史系。我本想跟着进光华,只因光华私立学费太贵,考进了不要学费的国立复旦大学。复旦在江湾,离在虹口的光华不算太远,还有校车可坐,所以每学期总去光华几次看看吕先生。当时我已开始写学术性文章,最早一篇是《春秋末吴都江北越都江南考补》,补童丕绳先生原考之不足,写成后请吕先生审阅,吕先生还很诚恳地给原稿亲手加上一段"吴城邗"即为迁都江北的论证:"汉初以前,长江下流之都会,实惟吴与广陵(即今之扬州)。秦会稽郡治吴,而汉初吴王濞还都广陵,盖王负刍既虏之后,楚尚据江南以拒秦者一年,故秦为深入其阻起见,置郡于江南吴之故都,汉初江南业已宴然,取与北方声势相接,故王濞又却居江北吴之新都耶?此虽推测之辞,然王濞之建都,必不能于荒凉偏僻之地,广陵若前无所因,必不能于汉初救死扶伤不给之际,建成都邑,则理无可疑。以此推之,亦足见城邗之即为建立新邑耳。"这篇文章先后发表在当时的《益世报》"史学"副刊和《文史杂志》六卷三期上,明眼人一看就会知道这般老练的文字和精卓的见解不可能出于大学一年级生的手笔。

解放后,我将毕业前还经吕先生介绍到光华附中代过几个月历史课,以解决点经济上的困难。以后,组织分配我做政治工作,工作忙,和吕先生就更少见面的机会。五六年我到西安工作,第二年吕先生就以老病逝世,享年七十四岁。千里迢迢,我也无从到他灵前去哭别。

现在,我也是五十好几的人,已接近当年吕先生给我们讲课时的年龄了,也勉强在大学里带着几位唐史专业研究生。可是抚心自问,在学问上固不当吕先生的万一,在为人处世上也深感吕先生之不易企及。吕先生当年曾为我写过一副对联:"夙夜强学以待问,疏通知远而不诬。"因为联上写明是"录梁任公语",多年来慑于极左的压力,一直深藏箱箧。现在想应该张之于壁,以促使我时常考虑怎样真正做到这两句话,真正不负吕先生当初对我的勖勉。

　　[附录]《中国史研究动态》一九八〇年第二期上刊登了汤志钧同志所写《现代中国史学家·吕思勉》。大概是限于体例,只作了辞书式的简要记述,而在个别记述上也还不免有差错。如说"除'一·二八'后一度到安徽大学任教外,在家闭户著作,恃开明书店稿费自给。直到抗战胜利,重返光华"。其实回常州老宅闭户著作是"一·二八"即太平洋战争爆发上海光华停办后的事情,而且其间还在青云中学以及性质相同的辅华中学教过一年书。到安徽大学是在"一·二八"后,但只去了三个月又回光华任教。我这篇文章当然比汤文更不全面,但因为是回忆旧事,可以写得比较具体,也许多少能够表达一点吕先生的治学精神和人格。表达得不够或其他失当之处,尚请吕翼仁同志批评指正。

　　　　　　　　　原载《学林漫录》第四集,中华书局,一九八一年。

一、何谓国学

〔国学者，吾国已往之一种学问。包含中国学术之性质与变迁，而并非为与外国绝对不同之学问也。吾国汉代古谚曰："少所见，多所怪，见橐驼言马肿背。"吾国旧时视外人来华者，不知其学。较进，则知可学其一二端。更进，则知其自有其学术，而与吾国为截然不同。然由今之所见，则知中国之与外国，实为大同小异者也。古代各部落，有知造舟者，有知制车者，各有所能，各有所不知。今外国自工业革命以来，文明日启，距今亦为时不远。由将来观之，东西两洋之文化，犹古代各部落间文化之关系也。又常有以精神文明、物质文明等以区别东西洋之文化。实亦不然。今世之各社会，皆为文明之社会，其程度相差无几，善亦同善，恶亦同恶，固无何高下也。〕

二、中国学术之分期

一、中国学术之渊源：（一）古代之宗教哲学。（二）政治机关经验所得，所谓王官之学。

二、合此两者而生先秦诸子之学，诸家并立。

三、儒家之学独盛。

四、儒家中烦琐之考证，激起空谈原理之反动，偏重《易经》，与道家之学相合，是为魏晋玄学。

以上为中国学术自己的发展。

五、至此而佛学输入，为中国所接受。萌芽于汉魏，盛于南北朝，而极于隋唐，其发达之次序，则从小乘至大乘，是为佛学时代，而玄学仍点缀期间。

六、至唐而反动渐起，至宋而形成理学。理学之性质，可谓摄取佛学之长，而又去其不适宜于中国者。

此为中国学术受印度影响之时代，至明亡而衰。

七、而欧洲学术，适于此时开始输入。近百年来，对中国学术逐渐发生影响。〔前此与欧洲之接触，仅为技术上，而非学术上的，故未受若何之影响。〕

三、先秦诸子之渊源一
——古代之宗教哲学

　　宗教哲学，今日为对立之物，在宗教起源之时则不然。一种宗教之初兴，必能综合当时人之宇宙及人生观，而为之谋得一合理之解决。此时之宗教，亦即其时最伟大最适宜的哲学。〔凡一种大宗教，必具高深及浅显二方面之理论，以满足于高等与低等之人。〕但宗教之为物，不徒重理智，而兼重意志及感情，故易于固执具体的条件，久之，遂变为落伍之物，而哲学乃与之分离。〔宗教与理智方面，仅为其一种手段，使人得理智上之满足，其注重者，乃偏于意志及感情方面，使信之者得感情之安慰，秉坚强之意志以信仰其宗教。夫意志坚强之人，固不免易于固执也，故信教者，常以强烈之感情徘徊，以坚强之意志守旧，以致久而落伍。〕故宗教之与哲学对立，非其本来对立，而由于宗教之陈旧。而论古代之学术，仍必溯源于宗教。

　　中国之宗教思想，最早盖系"拜物"，《周礼》分祭祀之对象为天神、地祇、人鬼、物魅四类。物魅盖即拜物时代之遗也。此时之思想，太觉幼稚，对于学术思想，无甚影响。

　　稍进，则为"天象崇拜"，其中又分为二期，前期盖在女权昌盛时代，所崇拜之大神，〔神之为物，表面视为与人无关的、人外的，实则此种之神，已成为人为的神，具有人之性质。神之组织及一切，皆以人为依据，与人相类。〕悉视为女性。《礼记·郊特牲》曰："郊之祭也，大报天而主日。"可见古无抽象的整个的天神。后世祭天之郊祭，只是祭日，而《楚辞》《山海经》皆以羲和为女神。整个的地神，古代更其没有，所祭的只是自己所住所种的一块土地，是为社祭。地神的被视为女性，更古今皆然。关于此问题，可参看日本田崎仁义所著《中国古代经济思想及制度》，王学文译，商务印书馆本。

女权时代之思想，存留于后世者甚少，只有一部《老子》，是表现女性优胜思想的。《礼记·礼运》，孔子曰："我欲观殷礼，是故之宋，而不足征也。吾得坤乾焉。"说者谓殷《易》先坤。这该是一种女性优胜的遗迹，但殷《易》之内容不传，今所传之《周易》，则完全表现男性优胜之思想矣。〔《周易》先乾。〕

大概中国学术思想，大部分是从周朝流传下来的，殷以前的成分已经很少了，周朝宗法特别发达，可见其为男权昌盛的社会。而殷朝兄终弟及，是一个母权社会的遗迹。周在西方，殷在东方。后来齐国长女，名为巫儿，为家主祠，不出嫁（《汉书·地理志》），而齐太公为出夫（《战国策》）。燕人宾客相遇，以妇侍宿，婚嫁之夕，男女无别，反以为荣（亦见《汉书·地理志》）。楚王妻妹（《公羊》桓公二年）。皆可见风俗与周不同。然此等文化，多已沦亡了。

古代宗教哲学之骨干，为阴阳五行，但二者似非一说。〔阴阳最早见于《周易》，然不及五行之说；五行最早见于《洪范》，然不及阴阳之说。且自古至今，从未有合论二者者，后世言阴阳者众，而说五行者寡，则以阴阳能自圆其说，而五行不能也。〕五行之说，见于《书》之《洪范》，后来衍其说最详者，为《白虎通义》之《五行篇》，虽煞费苦心，然究属勉强，予意水、火、木、金、土乃古代管此工事之五种官。〔水，通沟渠，建桥梁。火，未知钻木取火，得火不易，设之以保存火种。木，伐木制物。金，冶金之事。土，营建之事。〕本非哲学上分物质为此五类，后来哲学家就已成事实而强为之说。〔物体之之然，气、液、固体。印度之哲学，言地、水、风、火四大。地，固体；水，液体；风，气体，益之以火。如此分法，尚觉可通。而五行之水、火、木、金、土，水为液体，木、金、土为固体占其三，无一气体，不必哲学家，亦知为不妥，故决非哲学家分物质为此五类。〕其说本来不合论理，故虽煞费苦心，终不能自圆其说也。〔五行之变化，有生胜之说，亦作生克，水生木，木生火，火生土，土生金，金生水；水克火，火克金，金克木，木克土，土克水。其中火生土、土生金、金生水、木克土、土克水等，实不甚可通。〕

至于阴阳，则因人之认识，必始于两，而现象无论如何错杂，亦总可归纳之而成二组，即谋与非谋，此即正负，正负即阴阳也。故其说处处可通，而古人推论万物，必自小而推诸大，于是以天地为万物之父母。〔此时以阴阳为实质，尚未合哲学之原理。〕再进，知万物之原质推一，乃名此原质曰气。假想万物之变化，皆由于气之聚散，而气之所以动荡不已，则由于阴阳二力（阴静阳动）之更迭起伏焉。至此而哲学上之泛神论成立矣。〔泛神论者，即谓神即宇宙间一切现象之本身。〕

宗教哲学之进步，既进于泛神论，则事物变动之原因，即在事物之本身，〔古代野蛮人不知自然规律，只知人律，其视万物为有知，一切皆神所为。而其所谓神，亦有实体，《墨子·天志》《明鬼》之论，所谓天、鬼者，皆有喜怒，欲恶如人，则其证也。至此泛神论既成立，遂自有神而进为无神矣。〕而别无一物焉。在其外而使之者，此之谓自然。〔自，始也；然，成也。古书自然之"然"字，无作如此之解者。〕自然之力，至为伟大，只有随顺利用，而不能抵抗。而自然界之美德，如"不息""有秩序""不差忒"等，均为人所宜效法，此之谓"法自然"。〔法家即如是，谓政治上之赏罚，当以自然界之美德为准则也。〕自然之规律，道家称之曰道。〔《老子》曰："有物混成，先天地生，寂兮寥兮，独立而不改，周行而不殆，可以为天下母，吾不知其名，字之曰道。"〕自然现象，永远变动不居，而其变动也，又有一定之规律，是为"变易""不易"，加以永不止息，若人之任事，不觉其劳苦然，是为"简易"。所谓"易一名而兼三义"也。不易之现象，是为循环，祸福倚伏之义，由此而生。〔吾国古代以农为主，注意于不易之现象，故有祸福倚伏等义。盖以为自然界之现象既如是，人事亦当如是也。〕自然力既伟大，人根本绝无能为，委心任运之义，由此而生。

自然之力，固无从从时间上指其原理，亦无从从空间上指其根源。然强为之名，固可如此。〔盖泛神论者，本无因果也；惟无因果之关系，则无可加以思想，故强为之名，而为是说者，亦明知其为强说而已。〕此种力之原始（系人所强名的），儒家称之曰"元"。《易》曰："大哉乾元，万物资始，乃统天。"（《乾卦·彖辞》）《春秋》家谓："《春秋》以元之气，正天之端。"（《公羊》隐公元年何注）是也。〔其他如《公羊》何注，隐公元年曰："天不深正其元，则不能成化。"《春秋繁露·重政》曰："元者，万物之本，在乎天地之前。"（古人以天为万物之原因，而元为天之原因。）在男权优胜时代，最贵此种健行的美德，但女权优胜时代柔能克刚，静以制动等见解，〔今所存者，以《老子》为代表。〕亦仍保有相当地位。

四、先秦诸子之渊源二
——王官之学

　　儒家，出于司徒之官。〔《汉书·艺文志》曰："儒家者流，盖出于古司徒之官，助人君，顺阴阳，明教化。游文于六经之中，留义于仁义之际。祖述尧舜，宪章文武。宗师孔子，以重其言，于道最为高。"徒，众也，司徒主教化。《周礼》谓惟战事付司马，狱讼付司寇，此外治民之事，皆司徒掌之也。儒家治民，最重教化，此为其出司徒之官之本色，其欲合西周以前之法，斟酌而损益之。其处己之道，最高者为中庸。待人之道，最高者为絜矩。中庸者，随时随地，审处而求其至当；絜矩者，就所接之人，我所愿于彼者，即彼之所愿于我，而当以是先施之。〕

　　道家，出于史官。〔《汉书·艺文志》曰："道家者流，盖出于古之史官。历记成败存亡祸福古今之道，然后知秉要执本，清虚以自守，卑弱以自持。此为君人南面之术。"其宗旨：一在守柔，一在无为，所称颂者，为黄帝时之说。〕

　　墨家，出于清庙之守。〔《汉书·艺文志》曰："墨家者流，盖出于清庙之守。茅屋采椽，是以贵俭。养三老五更，是以兼爱。选士大射，是以尚贤。宗祀严父，是以右鬼。顺四时而行，是以非命。以孝视天下，是以上同。"盖古明堂、清庙、辟雍，皆一物也。蔡邕《明堂月令章句》谓:"明堂者,天子大庙,所以祭祀、飨功、养老、选士,皆在其中。取正室之貌,则曰大庙;取其正室,则曰大室;取其堂,则曰明堂;取其四时之学,则曰大学;取其圆水,则曰辟雍;虽名别实同。"(详见《续汉书·祭祀志注》)阮元《明堂说》谓:"有古之明堂,而有后世之明堂。古者政教朴略,宫室未兴,一切典礼,皆行于天子之居,后乃礼备而地分。礼不忘本,于近郊东南,别建明堂,以存古制。"(见所著《揅经室集》)盖古之清庙,原极简陋,墨家出于清庙之守,即欲以清庙之旧法,救当时之弊。其根本义曰兼爱,即所谓夏尚忠。其所欲行,盖夏道也。由兼爱故不容剥民自奉,而节用、节葬、非乐之说出;由兼爱故不容夺人所有,而非攻之论出。〕

名家,出于礼官。〔《汉书·艺文志》曰:"名家者流,盖出于古之礼官。古者名位不同,礼亦异数。孔子曰:'必也正名乎? 名不正,则言不顺;言不顺,则事不成。'"礼主差别,差别必有其由,深求其由,是为名家之学,督责之术,必求名实之相符,故与法家关系殊密也。〕

法家,出于理官。〔《汉书·艺文志》曰:"法家者流,盖出于理官。信赏必罚,以辅礼制。"为切于东周时势之学。东周之要务有二:一为富国强兵,一为裁抑贵族。前者为法家言,后者为术家言,说见《韩非子·定法篇》。申不害言术,公孙鞅言法,韩非盖欲兼综二派者。法家宗旨在"法自然",故戒释法而任情。不主宽纵,亦不容失之严酷。〕

阴阳家,出于羲和之官(古之历法之官)。〔《汉书·艺文志》曰:"阴阳家者流,盖出于古羲和之官。敬顺昊天,历象日月星辰,敬授民时。"以邹衍为大师,本所已知,推所未知。其五德终始之说,亦犹儒家之有通三统之论也。亦欲合西周之法,斟酌而损益之。〕

纵横家,出于行人之官。〔《汉书·艺文志》曰:"纵横家者流,盖

出于古行人之官。当权事制宜,受命不受辞。"又曰:"及邪人为之,则上诈谖而弃其信。"则正指苏、张之流也。〕

农家,出于农稷之官。〔《汉书·艺文志》曰:"农家者流,盖出于古者农稷之官,播百谷,劝农桑,以足衣食。"《孟子》所载云许行,实为农家巨子,其言有二:一君臣并耕,一则物价但论多少,不论精粗也。此盖皇古之俗。农家所愿,即在此神农以前之世也。〕

杂家,出于议官。〔《汉书·艺文志》曰:"杂家者流,出于议官。兼儒、墨,合名、法。知国体之有此,见王治之无不贯。"盖专门之学,往往蔽于其所不知。西汉以前,学多专门,实宜有以祛其弊。故但综合诸家,即可自成一学也。所谓议官,盖即《管子》所谓"啧室"(《管子·桓公问》:"黄帝立明台之议,尧有衢室之问,舜有告善之旌,禹立谏鼓于朝,汤有总街之庭,武王有灵台之复,欲立啧室之议。人有非上之过,内焉。"),而秦、汉之议郎,(秦置,掌议论,汉特征贤良方正之士为之,秩比六百石,统于光禄勋。晋以后废。)盖即古议官之制。而齐稷下谈士,四公子之养客,皆为此类。〕

小说家,出于稗官。〔《汉书·艺文志》曰:"小说家者流,盖出于稗官,街谈巷议,道听途说者之所造也。"疑《周官》诵训、训方氏之所采正此类。九流之学,皆出士大夫,惟此为人民所造。《汉志》所载,书已尽亡。《太平御览》卷八百六十六引《风俗通》,谓宋城门失火,汲池中水以沃之,鱼悉露见,但就取之。说出《百家》。犹可略见其面目也,他如塞翁失马、鲁酒薄而邯郸围等,亦或此类。〕

以上为《汉书·艺文志》诸子十家,其中去小说家,谓之九流,见《后汉书·张衡传》注。〔《刘子·九流篇》同。〕《汉书·艺文志》本于刘向、歆父子《七略》,〔《汉书·艺文志》:"成帝时,诏刘向校经传诸子诗赋。向条其篇目,撮其旨意,录而奏之。会向卒,向子歆总群书,而奏《七略》。故有《辑略》《六艺略》《诸子略》《诗赋略》《兵书略》

《术数略》《方技略》。"〕乃据汉时王室藏书而为之分类,故于学术流别,最为完全。古平民无学术,〔王官者,大国之机关也。诸子出王官说,虽为汉人推论,然极有理,当时平民,无研究学术者。虽有学术思想,有志研究,亦无所承受,无所商讨,即有所得,亦无人承继之。而古代学术,为贵族所专有,然贵族亦非积有根柢,不能有所成就。王官专理一业,守之以世,岁月既久,经验自宏,其能有所成就,亦固其所。〕近人胡适据《淮南·要略》作《九流不出王官论》,〔载《新青年》杂志,约当民国四、五、六年时。〕以驳《汉志》,殊不知《汉志》言其由来,《淮南》言其促进之动机(所谓救时之弊)。〔盖王官之学,固颇有成就,然非遭世变,乡学者不得如此其多,即其所成就,亦不得如此之大也。故《汉志》言因,《淮南》言缘也。〕二者各不相妨,且互相补足也。〔若谓出于王官之说非,而惟本《淮南》之说。则试观诸子之内容、文辞,多今古间杂,明非一时之物,惟其源本王官,故能多本往事以立说也。〕

五、先秦诸子之学

讲先秦诸子之学，有应知者数题：

一、诸子之学重在社会政治方面，不重在哲学科学方面，因诸子本身之发展及其对后来之影响皆如此（此意章炳麟曾言之）。〔诸子之于哲学方面，颇与古代希腊之哲学相近，其程度亦相仿。盖吾国古代原有此等与宗教混合之哲学思想。诸子即上承此等哲学，而并非加以发展，故诸子之哲学思想，大致相同，不若社会政治之学经发展进步而分歧也。于科学方面，亦有称述，而以见于《墨子》者最多。盖亦旧时之所有，墨子承之也。惟亦不重于此，故其后迄未有何发展。〕

二、古有专门〔专门者，以如今观之，实即一种学问之派别。〕而无通学，〔通学者，兼取各派，择善而从，至汉方有通学。〕故诸子之学，就一方面论之则精，合各方面论之则空。其相互攻驳之语，多昧于他人之立场，不合论理，如墨子贵俭，所欲行者乃古凶荒札丧之变礼，而荀子驳以"不足非天下之公患"，〔见《荀子·富国篇》。〕殊不知墨子本不谓平世亦当如是也。〔古代治学者寡，而因交通不便，得书不易，学术之传播亦难。学者仅能就其近者习之，远者不知或知之不详，且人具成见，学问常以先入为主，故当时人可与一种学问接触，终身不知其他者。此专门之学之所以成也。〕

三、先秦诸子之学，非皆个人创造，大抵前有所承，新旧适不适不等，盖其时间有早晚，又地域亦有开通与僻陋之别也。鄙意先秦诸子最要者六家，其新旧之别略如下：

最早者农家，沿袭简陋（时代或地域）之农业社会之思想。次之者道家，代表简陋之游牧社会。次之者墨家，其思想与夏代政治颇有渊源。次之者儒家及阴阳家，见多识广，知若干种治法，应更迭使用。最新者法家，对外主张兼并，对内主张摧毁贵族，总而言之，是打倒封建势力。（以开明专制为手段。）

农家之书尽亡，仅存者许行之说，见《孟子·滕文公》上篇。〔农家之书，真系讲树艺之术者，为《吕览》之《任地》《辨土》《审时》诸篇。然此非所重。先秦诸子皆欲以其道移易天下，非以百亩为己忧者也。《汉志》论农家之学云："鄙者为之，欲使君臣并耕，悖上下之序。"可见《孟子》所载之许行，实为农家巨子。〕（一）谓贤君当与民"并耕而食，饔飧而治"。此犹乌丸大人，各自畜牧管产，不相徭役（见《后汉书》本传）。（二）主买卖论量不论质，此由交易不重要，物品本少使然，古盖自有此简陋之世；亦或战国尚有此等落伍之地。许行欲率天下而从之，则其事不可行矣。〔且复古必有其方，许行未尝有言，（如其有之，则陈相当述之，孟子当驳之，不应徒就宗旨辩难。）此则不能不令人疑其徒为高论者也。〕

道家之代表为《老子》，《老子》之旨在无为。为，化也。〔无为，犹言无化，古"为""化"实为同字，观"譌""讹"为同字之例可知。《论语》："子曰：张而不弛，文、武弗能（耐）也。弛而不张，文、武弗为也。"此"为"字即"化"字义，言不能使谷物变化也。〕无化者，无使社会起变化。此犹今人慕效欧、美之文明，社会组织因之改变，守旧者遂欲闭关绝市耳。当时落后之国，输入先进之国之文明者，盖（一）由其君大夫之好者，（二）由其自谓野蛮而欲驱其民以从当时所谓文明之俗，如商鞅谓秦初父子同室，"吾今大筑冀阙，营如鲁、卫"是也。〔古人恒以是为戒，如由余对秦穆公之言是也。〕《老子》最反对此等，故谓"无为而无不为"，犹言勿以汝之道化民，则民无不化而之善也。此说认社会之恶化，〔盖当时之效法文明，不过任其迁流所至，非有策画，改变社会之组织，以与之相应也。则物质文明日增，而社会组织随之坏矣。然道家不能改变社会组织，以与新文明相应，而徒欲阻遏文明，则何可得？〕皆由君大夫措施之误。而不知社会因日日在自化，〔盖人之趋利，如水就下。慕效文明，其利显而易见；社会组织变坏，其患隐而难知，且亦未必及己，人又孰肯念乱？故社会日日在自化也。〕老子特未之见也。

《庄子》历代著录，皆在道家，《管子》或属道或属法，二家之论，一部分诚与《老子》同。然讲个人在社会中自全之术而归结于委心任运，此《庄子》所有，而《老子》所无。〔《列子》说亦同《庄子》。盖其时代之晚，各个间互相之接触已多，世事变化无方，其祸福殊不可知，故有《齐物论》之说（论同伦，类也）。物论可齐，复何所羡？何所畏避？故主张委心任运。〕不思彻底改造，而只想因势利导，（如不思去民好利之心，而徒欲因其好利而利用之。）亦《管子》所有，而《老子》所无，此可见其时代之晚，其社会已不可控制，犹柏拉图与亚里斯多德之异也。

陈旧于农家道家者，为墨家。《淮南·要略》云："墨子学于孔子而不悦，背周道而用夏政。"〔今观《墨子》书，《修身》《亲士》《所染》纯为儒家言。他篇又多引《诗》《书》之文，则《淮南》之说是也。〕《吕氏春秋·当染》云："鲁惠公使宰让请郊庙之礼于天子，天子使史角往，惠公止之，其后在鲁，墨子学焉。"〔史固辨于明堂行政之典者。故墨子之学，诚为明堂之学也。〕古大庙大学，皆与明堂同物，前已言之。墨子最讲实用，而其书《经》上下、《经说》上下、《大取》、《小取》六篇，讲哲学、伦理,兼及自然科学,极其精神者,古明堂为宗教哲学之所存也。然此非墨子宗旨所在,特师授以书,则从而传之耳。〔大学虽东周后尚不能尽废,然未闻有一人合学成而出仕者,则以所肄者为宗教家言,非实用之事也。大学所教,既为宗教家言,故为涵养德性之地。《礼记》曰:"君子如欲化民成俗,其必由学乎?"又曰:"能为师,然后能为长;能为长,然后能为君。师也者,所以学为君也。"又曰:"君子所不臣于其臣者二,当其为尸,则弗臣也;当其为师,则弗臣也。"乞言养老之礼,执酱而馈,执爵而酳(酳,虚口),所以隆重如此者,正以其所诣师者,其初乃教中尊宿耳。又《王制》曰:"出征执有罪,反释奠于学。"凯旋而释奠于学。由此二端,可想见古代大学性质,为宗教哲学之所存也。〕其宗旨所在,曰兼爱,而行之则以非攻。曰贵俭,而行之则以节用、节葬、非乐。所以动人者,曰天志(其天神为人格神),曰明鬼,而辅之以非命。曰上同,使下之人听于上。〔盖本夏道,而夏时较古,人之思虑较少,人与人对立程度浅,乐尽力以服从于其上也。〕曰上贤,盖前代亲亲,不如周人之甚。参观孙星衍《墨子后叙》,知用夏政之不虚也。

古书多以儒墨并称,亦以儒侠并称,侠者,后世江湖豪杰之流。盖封建制度之坏,士失所养,〔封建制度之诸侯、大夫,多喜养士,及其国灭家亡,或习奢侈而暇养士,而士失所养。〕而不能为农工商,乃别成为一阶级。性质近乎文者为儒,〔游说之士,大抵从儒中出。〕近乎武者为侠。孔子、墨子,乃就此两社会而感化之,非此两个阶级,为孔、墨所造成也。墨子长于守御(其书末二十篇),盖自侠之团体中来也。(《墨子》非攻,故仅取兵法中守之一部分。)

儒为封建制度崩溃时失养之士,性质近乎文的阶级,前已言之(其性质见于《礼记》之《儒行》)。〔儒之义为柔,若曾子之"兢兢自守","言必信,行必果"者,盖其本来面目。〕孔子为此阶级中之闻人,惟孔子之道，不尽于儒。孔子之学颇博，多知前代之治法。此时前代治法之可考者，有夏、殷、周三代。孔子以为当更迭使用，于是有《春秋》通三统之义。（谓封前二代之后以大国，使保存其治法，说见《春秋繁露》。）孔子又观治化升降，以为最古之时最美，是谓大同，时代渐降则渐劣，谓小康，说见《礼记·礼运篇》。然则更劣于小康，必为乱世矣。《春秋》张三世之义，以二百四十年，分为三世，据乱而作（表示治乱世之法），进于升平（小康），更进于太平（大同），（见于《公羊》何《注》）盖欲逆挽世运，复于郅治也。

孔子之道，具于六经，而六经之中，《易》与《春秋》为尤要。《易》言原理，《春秋》据此原理而施诸人事。故曰：《易》本隐以至显，《春秋》推见至隐。"（《史记》）其根据原理施诸人事，则恃君长为之。故《易》曰："大哉乾元，万物资始，乃统天。"（《乾卦·系辞》）而"《春秋》以元之气，正天之端，以天之端，正王之政，以王之政，正诸侯之即位，以诸侯之即位，正四竟之治。"（《公羊》隐公元年《注》）此略近希腊柏拉图推最高之哲人为君之义。惟希腊人无一统思想，故只计及一国之君。孔子则不然，故又计及诸侯之上，当有一王耳。

孔子所谓大同，盖农业共产小社会。所谓小康，则封建之初期，阶级虽已成立，旧时共产社会之规模，尚未甚坏者也。自此以后，资本势力又继封建势力而起，治化只有日趋于劣。不知铲除阶级而欲藉政治之力，以谋革命之彻底完成，可谓南辕北辙。然自近代以前，学者之见解，固皆如此（革命常为政治的），不足为怪。

《易》之大义，为"变易""不易""简易"三者。"变易"谓宇宙间一切现象，无一息而不变；"不易"谓万变之现象，仍有其不易之则。（如气候时时在变，四季亘古如斯。古人只有循环之思想，无进化之思想。辩证法之变动，非其所知。）"简易"则言自然力出于自然，非如人之作事，倦而必须休息，故能永不间断差忒，犹佛家之贵无为而为贱有为也。此意义亦甚周匝。(《易》一名而含之义,见易纬《乾凿度》,《周易义疏·八论》之一引。)

儒家出于司徒之官,故重教化。而其教化也,必先之以养。孔子言先富后教(《论语·子路·子适卫章》),孟子言有恒产然后有恒心,首欲浚井田制度,继之以庠序之教(《梁惠王》上、《滕文公》上),此皆思想也。此为历代儒家之传统思想,将来当再言之。惟儒家在政治上之抱负,因社会组织已变,无由实施。其有于中国者,乃在社会方面:(一)重人与人相和亲,而不重政治力量之控制。(二)儒家最重中庸,故凡事不趋极端,制度风俗,皆不止积重难返,而中国人无顽固之病。(三)儒家重恕,"己所勿欲,勿施于人"。〔即谓"絜矩"。〕其标准极简单明了,而含义又极高深,所谓愚夫愚妇,与知与能,而圣人有所不能尽。恕成为普遍的人生哲学,无意间为社会保持公道,此儒家之大有造于中国社会者。

阴阳家之书尽亡,惟邹衍之说,略见《史记·孟荀列传》。其说看似荒诡,实则不过就空间(彼所谓中国)、时间(所谓黄帝以来)两方面,据所知者,求得其公例,而推诸未知者耳。其研究结果,盖以治国当有五种方法,更迭使用,是为五德终始,〔《汉书·严安传》载安上书引邹子之言曰:"政教文质者,所以云救也。当时则用,过则舍之,有易则易。"即五德终始之说也。〕(衍之五德终始,始从所不胜,即水、土、木、金、火;汉末乃改从相生之次,为木、火、土、金、水。)此正犹儒家之通三统,彼所谓一德,当有其一套治法,非如后世之阴阳家专讲改正朔、易服色等空文也。〔《汉志》有《邹奭子》十二篇,则已拟有实行之法,果难施与否,今不可知,要非如汉人之言五德者,徒以改正朔、易服色为尽其能事也。〕故与儒家可列为一阶段。〔《太史公自序》述其父谈之论,谓阴阳家言,"大祥而众忌讳,使人拘而多所畏",此乃阴阳家之流失,而非其道遂尽于是也。〕

　　以上诸家知识,均得诸历史上,均欲效法前代,惟其所欲法者,新旧不同耳。惟法家则注重眼前的事实,〔切合于东周时势。〕故其立说最新。法家之"法"字,又有广狭二义,广义包法、术二者言之,狭义则与术相对,〔申不害言术,公孙鞅为法,韩非盖欲兼综二派者。〕法所以治民,术所以治治民之人也,见《韩子·定法篇》。法家之书,存者有三:(一)《管子》,〔二十四卷,原本八十六篇,今佚十篇。〕(二)《韩非子》,〔二十卷,五十五篇。〕(三)《商君书》〔五卷,原本二十九篇,今佚三篇幅。〕也。法术之论,(即治民及驭臣下之术。)三书多同。惟《管子》多官营大事业,干涉借贷,操纵商业之论(大体见《轻重》诸篇)。《商君书》则偏重一民于农战(意欲遏抑商业),盖齐、秦经济发达之程度不同,故其说如此。〔齐工商之业特盛,殷富殆冠海内;秦地广而腴,且有山林之利,开辟较晚,侈靡之风未甚。〕〔《韩非子》多言原理,兼及具体之条件。〕法家之论,能训练其民而用之;术家则能摧抑贵族,故用法家者多致富强,〔如韩申不害相韩昭侯十五年,内修政教,外应诸侯,终其身,无侵韩者。卫吴起为魏文侯将,拔秦五城,守西河以拒秦、韩,文侯卒,事其子武侯,遭谮奔楚,相楚悼王,南平百越,北并陈、蔡,却三晋,西伐秦,诸侯皆患楚之强。〕秦且以之并天下也。〔卫鞅(商鞅)入秦,说孝公变法修刑,内务耕稼,外劝战死之赏罚。孝公任之,遂大强。故秦并天下,原因虽有数端,以人事论,则能用法家之说,实为其一大端。盖惟用法家,乃能一民于农战,其兵强而且多(见《荀子·议兵》),亦惟用法家,故能进法术之士,而汰淫靡骄悍之贵族,(列国皆贵族政治,独秦行官僚政治。)政事乃克修举也。〕

六、秦汉时代学术之新趋势

一、交通便利，各种学术，渐相接触，启通学之机。〔前此列国互相猜忌，往来之间，非有节符不能通，而关之稽查尤严，其极遂至藉以为暴。汉有天下，此弊尽去，有"通关梁，一符传"之美谈，而交通变利矣。〕二、利用学术者，将抉择或折衷于诸学之间，而求其至当。故其结果，为不适宜于时代之学术，渐见衰息（如墨家、农家）。其适宜者亦渐与他学相混焉。〔至此自先秦之新发明的时代，变为两汉之整理的时代。犹西洋史上之希腊——发明与罗马——整理之关系也。〕

秦有天下，仍守法家之学不变，然此时法家用整齐严酷之法，以训练其民之办法，实已用不着。〔法家宗旨，在"法自然"，故戒释法而任情。揆其意，固不主于宽纵，亦不容失之严酷。然专欲富国强兵，终不免以人为殉。《韩非子·备内篇》云："王良爱马，为其可以驰驱；句践爱人，乃欲用以战斗。"情见乎辞矣。在列国相争，急求统一之时，可以暂用，治平一统之时而犹用之，则恋蘧庐而不舍矣。秦之速亡，亦不得谓非过用法家言之咎。〕秦亡之后，众皆以其刻薄寡恩，归咎于法家（其实此系误解），〔盖专以成败论事，归咎法家。〕而法家之学，一时遂为众所忌讳。是时急于休养生息，故道家之说颇行。〔如孝惠元年，曹参相齐，尊治黄、老言者盖公，为言"道贵清静，而民自定"，参用之，相齐九年，齐国安集。及继萧何为相，举事无所变更，择谨厚长者为郡国史，掩人细过，不事事，百姓歌之，有"载其清靖，民以定壹"之辞。孝景时，窦太后好黄、老术，皆其著者。〕然道家主无为，为正常之社会言之则可；社会已不正常，而犹言无为，是有病而不治也。故其说亦不能大盛。

此时社会，（一）当改正制度，（二）当兴起教化，此为理论上当然之结果，无人能加以反对，而此二者，惟儒家为独优，故儒学之必兴者，势也。秦始皇坑儒时，曾言："吾前收天下书不中用者尽去之，悉召文学方术之士甚众，欲以兴太平，方士欲练奇药。"〔见《史记·始皇本纪》。〕兴太平，即指改正朔兴起教化言，是始皇固尝有意于此矣，特未及行耳。〔当时致力镇压诸侯之遗，北逐匈奴，筑长城，南略定南越，置郡，迄无闲暇。苟天假以年，或有兴太平之举，亦未可知。〕汉兴，高、惠、文、景四世，海内或未大安，又皆非右文之主，〔高祖贱儒，复值天下初定，陈豨、黥布之乱，迭兴干戈。惠帝时政由吕后，公卿皆武力功臣。文帝本好刑名，复专事安抚同姓诸侯。景帝不任儒，窦太后又好黄、老，而又有七国之乱，复起兵戎。〕故隆儒之举，必待武帝而后行。〔武帝雄略，右文之主，故能从社会趋势，而儒学遂兴。〕

儒学至汉代，去实用渐远，专抱遗经研究，遂渐变成所谓经学。

六经中乐无经，故只有五经。经学初无分歧，至后来乃有今古文之别。今文学最初八家：《诗》齐、鲁、韩，《书》伏生，《礼》高堂生，《易》田生，《春秋》胡毋生、董仲舒。〔《史记·儒林传》曰："今上（汉武帝）即位，赵绾、王臧之属明儒学，而上亦乡之。于是招方正贤良文学之士。自是之后，言《诗》于鲁则申培公，于齐则辕固生，于燕则韩太傅。言《尚书》，自济南伏生。言《礼》，自高堂生。言《易》，自菑川田生。言《春秋》，于齐、鲁自胡毋生，于赵自董仲舒。"〕东汉立十四博士：《诗》鲁、齐、韩，《书》欧阳、大小夏侯，〔《书》分三家：欧阳生、夏侯胜、胜从兄子建。〕《礼》大、小戴，〔《礼》分三家：戴德、戴圣、庆普，庆氏未立学官。〕《易》施、孟、梁丘、京，〔《易》分四家：施雠、孟喜、梁丘贺、京房。〕《春秋》严、颜。〔《公羊春秋》分二家：严彭祖、颜安乐。皆见《汉书·儒林传》。〕大体仍为今文（惟京氏《易》可疑）。

古文起于西汉之末，《诗》，毛氏，〔《汉书·儒林传》曰："毛公，赵人也。治《诗》，为河间献王博士。"《后汉书·儒林传》："赵人毛苌传《诗》，是为《毛诗》。"《隋书·经籍志》："汉初赵人毛苌善诗，自云子夏所传，作《诂训传》，是为《毛诗》古学。"〕《书》，《古文尚书》，谓鲁共王坏孔子壁，得《古文尚书》百篇，孔安国以今文读之，得多十六篇。〔见《汉书·艺文志》《楚元王传》《景十三王传》、《说文解字序》、《论衡·佚文》《正说》。而其辗转传述，皆互相乖异。〕然此十六篇仍不传，《礼》云有《逸礼》，后亦不传。（《礼记》中《奔丧》《投壶》，郑《注》谓皆同《逸礼》。然《逸礼》不传。）《易》有费、高二氏，〔费友（直）、高相，见《汉书·儒林传》。〕《春秋》有《左氏传》，〔《艺文志》《楚元王传》不言所自来，《说文解字序》谓献自张苍，《论衡·案书》谓得自孔壁。〕《穀梁传》〔《史记·儒林传》："瑕邱江生为《穀梁春秋》，自公孙弘得用，尝集比其义。"〕昔人以为今文，近崔适考定其亦为古文，其说盖是。见所著《春秋复始》。

浅人闻今古文之名，每以为其经之文字大有异同。其实不然，所异者多无关意义。（郑玄注《仪礼》，备详今古文异字，读之可见。〔如古文"位"作"立"，"义"作"谊"，"仪"作"义"之类，皆与意指无关。〕〔其有关系者，如《尚书·盘庚》"今予其敷心腹肾肠"，今文作"今我其敷优贤扬历"之类，然极少。〕故今古文之异，不在经文，而在经说。〔经本古书，而孔子取以立教。古书本无深义，儒家所重，乃在孔子之说。说之著于竹帛者谓之传；其存于口耳者，仍谓之说；古书与经，或异或同，足资参证，且补经所不备者，则谓之记。今古文之经,本无甚异同,而说则互异,读许慎之《五经异义》可见。〕今文家虽分家,然其说大体相同;〔不独一经然,群经皆然,读《白虎通义》可见。此书乃今文家言之总集也。〕古文则诸家之说各别。盖由今文得诸传授,其源同,其流不得大异;古文之说,由诸家自由研究,逐渐创立,故说各不同也。此两点最为紧要。

汉世今古文聚讼之端,最大者为孔壁得书一案。此说如确,则今文家经确不完;如其不然,则所谓古文者,不过民间经学,与立于博士官者不同,与后来古文家之说,出于今文家以外,并无二致矣。孔壁得书一案,似难认真实。详见拙撰《燕石札记·孔壁》条。但今古文之争论,其实与汉世学风变迁,无甚大之关系也。

汉初儒学,均讲经世致用,而是时最大之问题,为民生问题。西汉儒学,齐、鲁不同,今文为鲁学,古文为齐学。说见廖平《今古学考》,确不可易。但何以有此分派,至汉世何以分张更甚,廖氏初未能言。予意齐为大国,经济发达,鲁则不然,此为儒家分歧变化之重要原因。廖氏云:今学以《王制》(《礼记》篇名)为总汇,古学以《周礼》为大宗。《王制》者,百里之国之治法,《周礼》则千里之国之规模。节制资本之法,《周礼》中可寻得根据,今学中无之。汉世儒家,只讲平均地权,对于节制资本之义,初不了解,读《盐铁论》可见。王莽所行之政策,兼斯二者,此莽与其徒党所醉心于古学也,此为古学初得政府中人垂青之故。

王莽覆败,后汉继兴,一切政治,皆务反莽,故所立十四博士,仍皆今学,然社会上崇尚古学之风,业已不可遏止矣。此则当时风气渐趋于自由研究,不甘为成说所囿故然也。

自王莽变法失败后,通经致用之风渐泯,经学乃渐流为繁碎之考据。《汉书·艺文志》言,古之学者,耕且养,三年而通一经,三十而五经立,存其大体,玩经文而已。其后则说《尧典》篇目至十余万言,但说"粤若稽古"(《书经》第一句)三万言。〔皆指秦恭言之。《艺文志》注引桓谭《新论》云:"秦近君(恭字,王先谦《汉书补注·艺文志》云:"王应麟曰:《儒林传》作秦延君,注'近'字误。")能记《尧典》篇目二字之说至十余万言,但说曰若稽古三万言。"〕幼童而守一艺,白首而后能通。〔系引《艺文志》之大意,与原文略有出入。〕案释经之文,汉时通为章句,观《后汉书》所载,一经之章句至数百万言者不乏。盖儒学初兴时,从事焉者,率多孤寒之士;后其学流行渐盛,富贵者多从事焉,遂渐移于有闲阶级之手。〔其情形皮锡瑞《经学历史》之《经学极盛时代》一篇中详言之。〕学问一入有闲阶级之手,未有不流于繁碎者。又此辈多挂名读书,实则束书不观者,乃开专以意说经之风,见《后汉书·徐防传》。此两种风气,历两晋、南北朝未改,读《南》《北史》"儒林传"可见也。其中讲考据者,徒好繁征博引,而不衷于理,后汉之马(融)、郑(玄)、许(慎)诸儒,皆有此弊。王肃专与郑玄为难,然其方法,实与郑同。〔《经学历史·经学中衰时代》:"郑学出而汉学衰,王肃出而郑学亦衰。肃善贾、马之学,而不好郑氏。贾逵、马融皆古文学,乃郑学所自出。肃善贾、马而不好郑,殆以贾、马专主古文,而郑又附益以今文乎?案王肃之学,亦兼通今古文……故其驳郑,或以今文说驳郑之古文,或以古文说驳郑之今文。"〕

　　两汉之世,迷信之心理尚深。儒学既行,儒学所尊崇之圣人,遂渐被附会为无所不知,无所不能,不问而知,不学而能之人物(见王充《论衡》)。简括言之,即被造成为神是也。〔盖古人之史学性质少,文学性质多,易于造成与神相类的崇拜之对象。〕此等心理,与谶纬之成立,大有关系。《说文》曰:"谶,先知也。"〔刘熙《释名·释典艺》:"谶,纤也,其义纤微而有效验也。"〕此即今所谓豫言,秦世之"亡秦者胡"〔《史记·秦始皇本纪》曰:"燕人卢生使入海还,以鬼神事,因奏录图书曰:亡秦者胡也。始皇乃使将军蒙恬发兵三十万人北击胡，略取河南之地。"裴骃《集解》曰："郑玄曰：胡，胡亥，秦二世名也。秦见图书，不知此为人名，反备北胡。"〕及《史记·赵世家》所载怪异事迹。更推广言之，《左传》所载卜筮言论之有验于将来者，皆谶之性质也。《春秋》家说（今文），孔子作《春秋》，有不便明言褒贬者，弟子口受其传旨。古文初兴时，利用此说，谓孔子作六经，别有六纬，阴书于策，与之并行。（其实与经相辅而行者，古人通称谓之传，无纬之名。）〔与经相辅行者，大略有三：传、说、记是也。传、说二者，实即一物；不过其出较先，久著竹帛者，则谓之传；其出较后，犹存口耳者，则谓之说耳。古代文字用少，书策流传，义率存于口说，其说即谓之传。凡古书，莫不有传与之相辅而行。凡说率至汉师始著竹帛，（以前此未著竹帛，故至汉世仍谓之说也。）汉世传注，经义皆存于是。记与经为同类之物，以补经不备者。其本义盖谓史籍。因其为物甚古，亦自有传，而《礼记》又多引旧记也。传、说、记三者之中，自以说为最可贵，盖为汉世传经精义之所存，此汉儒所由以背师说为大戒也。详见《燕石札记·传说记》条。〕而纬之名以立，利用经说造作。（纬说多同今文，以其初兴时，〔西汉哀、平之间，纬书出。〕古文说尚未出也。）因以所造之谶夹杂其中，故称谶纬。

谶纬之作，论者皆归咎于王莽。其实光武之造谶与信谶，乃更甚于王莽。〔《后汉书·光武帝纪》："同舍生彊华，自关中奉《赤伏符》曰：刘秀发兵捕不道，四夷云集龙斗野，四七之际火为主。群臣奏曰：受命之符，人应为大；万里合信，不议同情，符瑞之应，昭然若闻，宜答天神，以塞群望。"《桓谭传》："是时帝（光武）方信谶，多以决定嫌疑。"《东观汉记》："光武避正殿，读谶坐庑下，浅露，中风苦咳。"〕足见此为当时社会心力所支持也。终后汉之世，称纬为内学，经为外学。

迷信及琐碎激起有思想者之反动，而魏、晋之玄学以兴。

七、魏晋玄学

　　今古文之外，经学中别有伪古文一派，其原起于东晋时梅赜（梅，亦作枚；赜，亦作颐。）〔晋西平人，字仲真。元帝初，官豫章内史。〕所献《伪古文尚书》。（托名孔安国所传，并并真者全造一部安国之《注》。）宋朱熹、吴棫，明梅鷟皆疑之。〔朱熹说见阎若璩《古文尚书疏证》卷八"朱子于古文犹为调停之说"节。吴棫，字才老，南宋时人，正史无传，曾著《书稗传》十三卷，今佚。说见同卷"疑古文自吴才老始"节。梅鷟，明旌德人，字致齐。著《尚书考异》《尚书谱》，力攻古文之伪，为阎、惠（惠栋著《尚书古文考》）所本。〕至清阎若璩而考定其伪。〔谓为梅赜所伪。〕（阎所著书曰《古文尚书疏证》。）伪造之主名，丁晏指为王肃（见所著《尚书余论》）。近人又有疑之者（吴承仕，其《与章炳麟书》，见《华国》月刊中）。然伪造是书者，系王肃一派之学，则无可疑也。此事在经学上为一重大公案，以学术思想论，则王肃好驳郑玄，而其学问途辙，实与郑同，无足深论。《孔子家语》，〔十卷。〕大约系王肃所造，《孔丛子》〔三卷。〕亦然。〔详见《四库全书总目提要》子部儒家类一。《家语》又有清孙志祖《家语疏证》六卷，证为王肃所伪。〕因东汉泥古、琐碎、迷信之学风所激起之反动，是为玄学。〔参看梁启超《饮冰室丛著·论中国学术思想变迁之大势》第五章。〕其学起于魏正始（废帝年号）时，直至南北朝之末。

但至东晋中叶后，则渐与佛学相混，非复纯玄学矣。〔故纯玄学之历期也极短。〕〔玄学起于中原北方，后随晋室南迁而盛于南，北方反无玄学。亦犹其后理学起于北，随宋室南迁而盛于南，北方反无理学也。纯玄学以《易》《老》二书为主，《庄子》次之。《列子》为晋人伪造。〔《列子》盖即注者张湛所伪，一部分本诸古书，一部分为其伪作，如《杨朱篇》决非先秦思想，乃魏晋时颓废思想也。〕〔以《易》《老》为主者，盖其空谈原理，实取诸儒、老二家之学之涉及原理之部分也。论者或谓其本道家而儒家仅其表面者，乃不知儒、老之涉及原理者本相同也（先秦诸子之言原理哲学，本多相同）。〕其所研究者，为宇宙及神鬼之有无，人之情性、运命及安身、立命等问题；在政治及社会制度上，则主张重原理而不泥事实（重道而遗迹）。其中各种人物皆有。〔见《燕石札记·清谈》一、二、三、四条。〕其著述甚多，具见《隋书·经籍志》中，惜其书多已亡，只可一览而知当时有何等著述耳。〔大抵无具有条理系统之书，多属注、讲义、讲疏之类。〕存于今者，专书王弼《易注》、郭象《庄子注》最要，〔至何晏之《论语集解》，仅包含一小部分之玄学，不及二书之要也。〕《列子》之伪造部分，亦可供参考。单篇散见史传及各家集中。（看《全上古三代秦汉三国六朝文》最便。〔清严可均编。〕）与佛家有关涉处（分赞、否二方面），可看《弘明集》。

　　此派之功绩，在破坏而不在建设。自经过玄学运动后，泥古及迷信之弊皆除（指学术界之风气）；琐碎之考证，人亦不视为重要矣。（考证为求正确起见者，别是一说，此其本身虽无用，联合之则成极有用之建设，乃学术分工之作用也。琐碎者则并无理想、无立场，连其本身亦未必正确。）正所谓无用之用也。〔某种学术，必溯其前时期之情形，方能知其价值，玄学即是矣。〕

八、佛　学

　　玄学之后,遂继之以佛学。佛有宗教学术二方面。宗教方面,今姑措勿论。

　　学术方面,佛说大小二乘,旧以为一时之说,因人而施。〔谓佛初时多与学问高深者接触,其说极高。后佛学渐广,其说亦渐低。及临终时又以最高之说为遗教。〕据近来之研究,则小乘兴于佛灭后百年,大乘又后五六百年乃兴起。(此项事迹,详见唐玄奘所著《异部宗轮论》。)近人因有称佛灭百年内之佛教为"原始佛教"者。(日人某著有《原始佛教概论》。)

　　分别原始佛教与小乘佛说,其事较难。若大小乘之别,则其荦荦大者,固较易见也。〔盖原始佛教之书不存,其说需自小乘书中分析出之,故较难也。〕据近来之研究,印度哲学,发达颇早。因其受天惠优厚,生活问题,容易解决。故其所注意者,非维持身之生存,而为解除心之苦恼。故印度哲学,多带宗教的色彩。佛出世时,此等哲学,派别甚多(佛教概论之为外道),令人感无所适从之苦。佛则不为无益的辩论,而授之以切实可行之道,故其说一出,归向者甚多。故"佛非究竟真理之发见者,而为时代之圣者"(《原始佛教概论》中语)。〔无论何种学术,皆逐步进化;非有一圣人出,而能发见此种真理也。〕佛灭之后,环境情形,自有变化。加之佛教传播甚广,与他种哲学、宗教,接触自多,其本身自亦将随之而生变异。此则大小乘之所以次第兴也。〔佛之时代,文字之应用尚未广。佛说在世时未有记录。入灭后,诸弟子相会,诵其昔所闻于佛者,得大众之同意,或不得同意而能伸说者,皆录之以为佛说——故佛经之首必曰"如是我闻"——谓之结集。诸弟子之中,分上座、大众二部。佛灭百年后,二部乃分裂。〕小乘距佛时代近,又出于上座部(佛教中前辈高级信徒),故其变化少;〔因学识高深者,不易接受外界之影响也。〕大乘出大众部,时代又后,故其变化多也。〔其后锡兰等地多小乘,行于北方者多大乘。〕

四圣

佛。

菩萨。〔梵语,具名菩提萨埵,旧译为大道心众生、道众生等,新译曰大觉有情、觉有情等,亦译正士。〕

缘觉。〔亦作辟支佛,梵语辟支迦佛陀之略。旧译缘觉,新译独觉,《智度论》二名具存,以辟支佛兼具二义也。盖好道潜修,自然独悟者,谓之独觉,或因事缘而觉悟,又或观十二因缘法而得道,谓之缘觉。〕

声闻。〔弟子闻佛之声教而得道果者。〕

六凡

天。〔福德大于人——福,在中国为外的条件;德,有得于己,故称福德,以别于福。谓其能力、智慧等大于人。〕

人。

阿修罗。〔梵语,简称修罗;亦作阿素洛、阿须罗、阿须伦、阿苏罗等。《翻译名义集》:"阿修罗旧翻无端正,男丑女端正,新翻非天。"谓其果报似天而非天也——神通大于人,而易生嗔怒。〕

畜生。

饿鬼。〔《大乘义章》："言饿鬼者，常饥虚，故名为饿；恐怯多

　　畏，故名为鬼。"按鬼类中有如夜叉、罗刹等具大威力

　　者，故新译曰鬼，不曰饿；然旧译之经论多曰饿鬼，以鬼

　　类中饿鬼最多故也。〕

地狱。〔梵语那落迦、泥犁等之义译。那落迦、泥犁等本为不

　　乐、可厌、苦具等之义，以其依处在地下，故谓之地狱；

　　盖罪恶众生死后所生之处也。〕

〔无生者曰器世界，有生者曰有情世界。有情世界为四圣、六凡（天台宗依《法华经》所立），谓之十法界。密教依《理趣释经》所立，则以实佛、权佛、菩萨、缘觉、声闻为五圣，天、人、畜生、饿鬼、地狱为五凡。〕〔众生即于六凡轮回，谓之六道，众生各依其业因而趋向之，故又曰六趣。《法华经·序品》："六道，众生生死所趣。"六凡之中，修佛以人最易，天以其福德过厚，不易生修佛之心；阿修罗之易嗔怒，则更列三恶之一（佛以贪、嗔、痴为三恶）；至畜生等更不能矣。故谓"人生难得"也。畏怖生死即由此。〕

大小乘之异点，重要者：小乘说缘觉、声闻，亦可成佛。大乘则非菩萨不能，故曰："地狱顿超，二乘聋瞽。"谓缘觉、声闻"畏怖生死"，根本未脱自私之见，故不能成佛也；若菩萨则念念以利他为主，与恒人之以自己为本位者适相反，佛不可学，〔佛则无人我之分矣。然不能学。〕学菩萨，所以驯至于佛也。

佛之三身 {报身。 法身。 化身。

〔天台宗所立为法、报、应三身。法相宗所立为自性、受用、变化三身（见《唯识论》）。《金光明最胜王经》所说为法、应、化三身。〕

　　小乘之所谓佛，即释迦牟尼其人。大乘则不然，释迦牟尼其人，为佛之报身，（从前造业，此时因因果关系而成此人身。）饥则欲食，寒则求衣，不得衣食则饥寒而死，一切与恒人无异。〔所异者为具伟大之人格，不可及之智慧。〕若夫有是而无非，威权极大，人有一言一行一念，彼必知之，必随其量而与以适当之报应，是为佛之法身，实即自然律之象征耳，非人也。以法为师，即可自悟，如法修行，即可成佛，戴一人为偶象之见，大乘全无之矣。〔自学理上论，不能不谓大乘进步于小乘。〕又信佛之人，或能见佛形象等等，人则不见，共斥为愚，或疑其妄，此亦不必，此乃心理变态，人不能见，彼固见有之也。大乘称此为佛之化身。

　　人之崇拜偶象，不过得一时心理上之安慰，而于真理，每有所空。小乘以释迦牟尼为偶象者也。大乘较小乘为进步，然不能去释迦牟尼乃创三身之说，谓佛有三种不同之人格也。

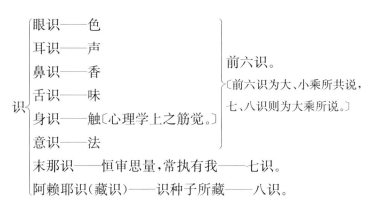

　　前六识为尽人所知。〔心理学上仅前六识。〕佛教之特异者为第七、八识。第七识之义，为吾人常觉有一我在，此确为认识之根本。八识则佛说为识之种子所藏，故亦译为"藏识"。必将此识灭尽，然后识之根断。〔第八识为公共的，其他诸识均属各个体的。〕佛说"万法惟识"，勉强译以今语，则为吾人之认识世界，恒在一定的范畴中。但此所认识者，并非世界之真相，故必灭识，世界之真理乃可得见。故吾人研究之方法，一无所用。佛亦说教，止是引起人的信心而已。求知世界真相之方法，转在超出吾人今日之心理作用也，此则惟有修证而已。〔至此修证之方法是否为对，亦无从说起，信与不信，由各人而已。盖终不脱其为一宗教也。〕

识之本体，不可得灭。此即科学上质力不灭之理，亦即哲学上无者不能使之有，有者不能使之无之理也。故所谓灭识，并非将识消灭——如有一物，而可消灭，则为色空对立矣，犯佛说之大忌——而系转识成智，即转变吾人之认识（识），而使之别成一种认识也（智）。喻如水与波，水动则生波，波静还为水，波非于水之外别有一物，故止波非涸水也。吾人之本体，佛称之曰"真如"。一切罪恶之根本，佛称之曰"无明"（即真如之恶的作用）。问无明何自起（即本体何以会起恶的作用）？则不可得说，亦可曰"法尔而有"而已（犹言依定律如此而有）。然则何以知无明非本体？因无明可灭，而人又恒知其为恶而思来之故也。

佛教之派别称宗。中国之佛教，分宗甚多。其中最要者，为天台、法相、华严三宗。天台亦称性宗，从主观方面；法相亦称相宗，从客观方面，证明万法惟识之理；华严则示人以菩萨行相。〔故有相当的文学趣味，但仍含极深之哲理。〕是称教下三家。禅宗不立文字（谓无依据之经论），直指心源，是为教外别传。〔禅，梵语禅那之略，亦云禅定。禅那之义，为思维修、静虑等，静即定，虑即慧。非若槁木死灰之谓，乃欲不遂环境变动，此为印度之一种修习方法，非佛教所独有也。行久之，心理上别生一种境界（谓之参禅）。然此时有诸境界可生，不知其是非，当请诸有经验者，此等有经验者即能加以指点。然非普通语言可说明者，故其一问一答间，常人不能知也，彼固自知之。故禅宗不能为一种学术，乃专讲实行者。〔佛教究系宗教，说教只为引起人之信心起见，苟其能信，则辩论研究，均属多事，故其发达之趋势，终必至诸宗皆衰，禅宗独盛而后已，唐中叶后，即亦如此。〔唐初以华严最盛，唐高宗时密宗输入，自后中国遂无新立之宗。〕宋儒喜辟佛；人又或讥其阳儒阴释；又或称其先于释教中有工夫，故其辟之能得当。实则所辟所沾染者，多系禅宗一派，非佛教之全体也。

天台宗，亦名法华宗，本宗由天台智者大师成立，以《法华经》为根本，以《智度论》为旨趣，以《涅槃经》为辅翼，以《大品经》为观法。专习止观。

法相宗，取《解深密经·一切法相品》为名，本宗有《唯识论》，明万法唯识之理，故亦称唯识宗，此名取《解深密经·分别瑜伽品》之意，印度名为瑜伽宗。

华严宗，以华严论为宗派，故名。

禅宗，又名佛心宗或心宗，以达摩为初祖。

禅宗虽足救烦琐〔无谓之辩论研究，谓教下三宗。〕之失。然其意义，亦甚精深，非有智识，且非有闲阶级之人，不能修习。而佛教此时之情势，已非发达至普遍于各阶层不可。故复有净土宗，以普接利钝。〔表面上无迷信之色彩，足自己辩护，而实足为迷信之需，使佛教至于普遍发达者，净土宗是矣。〕

佛教要旨，为止〔消极方面。〕观〔积极方面。〕双修。止谓心不起不正之念，〔不正之行，由不正之念而生。〕所谓"十二时中，常念于法"。观有二义：（一）在感情上，如人最畏死，乃时时设想被杀时之情景，以克服其畏死之情。（二）在知识上，遇事辄探求其因果关系，而得正确之救济方法是也。此二者皆甚难。又成佛须历"劫"，（佛教上之一种时间。〔极长。〕）自恒人观之，亦将望而生畏。然成佛必须如此之难，又被前此之学说固定了，不能改易。净土宗于此诸点，乃想出一巧妙适应之法。

念佛 { 观。〔观佛像。较前之观为易。〕
想。〔想佛。较前之止观为易。〕
挂名。〔口诵"阿弥陀佛"不已。〕

净土宗以念佛一法，兼摄止观两门。

净土宗谓阿弥陀佛与此世界特别有缘。〔发誓造净土。〕一心念佛之人，至临终，阿弥陀佛即来接引，往生净土。在净土中修至成佛，依然艰难；然净土中环境特别佳良，既生此中，可以直向前进，不虞堕落。〔称此简易之法为"横超"。〕

又净土中种种境界，异常美妙，足满求福报者之欲。

故此宗通行最广。〔近日言佛学者，多属此宗。〕

九、宋明理学

宋学。此学最确当之名曰理学。后人尊称之曰道学。清代汉学兴，乃以时代称之曰宋学。

哲学之物虽空泛，然当社会起大变动时，必起响应而作根本之变动。盖哲学无所不包，得以一理而施诸各方面。必使哲学起根本改变，使各方面趋同一目的，不致冲突背驰而后可。宋学即承佛学之后，新兴之一种哲学也。

我国从前论理学并各种科学均不发达，学者对于讲说学术哲理，不能清楚；而整理著作时，复缺乏条理系统，更不能注意于由浅入深诸点（不独理学，一切学术皆然）。故研究理学，非下一番功夫，并头脑清楚之人，不易明白。

关于参考书籍。近人于理学之著作，有吕师所著《理学纲要》，（民国十四年时吕师于沪江大学编成讲义，十五六年于光华大学编定，由商务出版。）惟只述其哲学一方面，实则理学与政治、社会、道德诸方面，皆有关系也。然于近人著述中，当推最有价值，最可看。早于此书者，有谢无量（谢蒙）所著《朱子学派》《阳明学派》《象山学派》诸书，由中华出版，距今已三十年。谢氏读书博，学亦谨慎。此诸书节钞丰富之材料，不著己意，初学读之无益。至商务所出《文化史丛书》中，有贾丰臻《理学史》。贾氏为近代研究理学者,然其书陈旧无意味处实多,无甚价值。

此学之发达,鄙意当分为三期:(一)周敦颐、〔世居道州营道县濂溪上,学者称之为濂溪先生。〕张载、〔居陕西郿县横渠镇,学者称横渠先生。〕邵雍〔谥康节,学者称康节先生。〕为创建一种新宇宙观、新人生观,亦即创建一种新哲学之人物。(二)程颢、程颐始注重于实行方法,至朱熹、陆九渊而分为两派。(三)依辩证法之进步,至王守仁又合两派之长而去其短。后人以陆、王为一派,仍视为与程、朱相对立,实非。〔理学至王守仁,发达已趋极端。此后渐成衰落。然理学之本身,终为一极伟大之学术也。〕

佛学之弊,在于空虚而不切于实务,专恃个人之觉悟,以拯救世界,然(一)人之天资,〔自生物学上言之,天资特优与特劣者,恒占极少数。〕非能个个人明白佛之所谓觉悟之道者。(二)社会情势,真能接受佛之教化者,又止一小部分人,大多数人看似信奉,其实全不相干。故行之久而不见其效,且颇有流弊。在此情势之下,自然须有一种新哲学以代之。

但佛之哲学,极为高深,甚不易驳。佛教哲学之高深,在认识论方面。(中国旧哲学无之,盖未发达至此程度。)创新哲学者,乃将此方面抹杀不谈,而曰:谈认识论即是错。〔其实此殊为武断。〕故曰:"释氏本心,吾徒本天。"天即理,理即外界的真实法则。此理学之名所由立。故宋儒之反佛,乃以哲学中之惟物论反哲学中之惟心论也。〔故理学家无论其如何互不相同,必皆承认其外界的世界为真实。苟超出此范围,即属佛学矣。〕

理学家中能创立一种新宇宙观、新人生观者为周、张、邵三家。周子之说,见于《太极图说》〔宇宙观。〕及《通书》。〔人生观。〕其说:以为"无极而太极"。"太极动而生阳,静而生阴。"("一动一静,互为其根"。〕由是而生水、火、木、金、土，天地人物皆秉五行之质以生。"五行各一其性"，人物所禀五行之质各有不同，故其性亦不同。〔希腊古分人为神经质、多血质、胆汁质、粘液质四种，亦同此思想。〕而其见之于事，则不外仁、义二者。〔以他人为本位，舍自己而顾他人，谓仁；以自己为本位，舍他人而顾自己，谓义。仁为人之本性；义为处事之办法。〕仁、义本身皆善；过、不及则皆恶；故道在中正。〔适当。〕人何以守此中正之境？曰静。故曰："圣人定之以仁义中正而主静，立人极焉。"此中最当注意者：太极阴阳，非有实体。其相生也，非如母之生子，子与母为二。乃就实质之世界，而名其动静之作用曰阴阳；又即世界之本体，而名之曰太极耳，故曰："五行，阴阳也。阴阳，太极也。"世界之由来，不可得而知，故曰"无极而太极"，言无从知之也。〔周子行文晦，说太极等实不分明，而我国古代学人哲学观念浅薄，遂于此点引起种种误解，造成哲学上一大公案。若以朱子作此等文，决无此弊矣。〕

张横渠之说，见于《正蒙》。其说以气为惟一之原质。气之本身，运动不已。于是乎气与气之间有迎拒，因而有和合、冲突诸现象。〔和合者终必分散，冲突者终必和解。〕此为人心爱恶之原。（因人亦气之所成也。）气，因其运动，而有轻清、重浊之不同。轻清者易变，故善；重浊者难变，故恶。人有气质之性与义理之性。气质之性出于重浊难变之形体者也，故当以义理之性克治之；而变化气质，为学问中最要之事。气之运动，有至而伸（积极的）、反而归（消极的）两种。至而伸者为神，反而归者为鬼。非谓天下有鬼神其物，乃谓物之具此两种作用者，其本身即鬼神耳。如吸是神，呼是鬼；发育为神，衰退为鬼。然则世间无物非鬼神也。张子之说，为极彻底之一元论。〔周子为略观大意；张子则苦思力索，积数十年之力，而创此说。在哲学上，张子实高于周子也。〕

根据物质之学，中国谓之数术。中国学者研究社会现象者多，研究自然现象者少，故此派学术不甚发达。〔中国言哲学者多据社会现象，少凭自然现象者，亦因是故。〕宋学倾向惟物，故喜言术数者颇有其人。其精而有创见者，实惟康节。康节最重要之观念，为"数起于质""天之象数可得而推，其神用不可得而测""以物观物，不以我观物""易地而观则无我"数语。数者，事物必至之符，其原因在于物质，故曰"数起于质"，此等可推测而知。然宇宙间何以有是物，物何以有是理，则所谓天之神用，不可说也。"以物观物，不以我观物"，谓绝去主观。主观之根原实在自私，离开利害关系，即无主观，故曰："易地而观则无我。"

	阴	阳	刚	柔
太	月	日	火	水
少	辰	星	石	土

邵子之言物质，以属于天者为阴阳，属于地者为柔刚，二者又各分太少。此盖以五行之说为不安而改之，特不欲显驳古说耳。其改八卦方位，亦犹是也[注]。问其何以如此？则曰：阳燧取于日而得火，方诸取于月而得水，星陨为石，天自三光外皆辰，犹地自山水外皆土。此可见邵子之说，由观察自然现象而得也。〔一去前人五行之观念，虽于科学为不合，极堪钦佩者也。〕

（注）

```
        坎
   乾        艮
 兑            震
   坤        巽
        离
```

此八卦旧方位，见《易·说卦》，邵子以为文王所为，为后天方位。

坤

艮　　　震　　　此邵子称为先天方位，谓伏羲所作，说殊无征。

坎　　　　　离　　盖亦取与旧说调和耳。山在西北，泽在西

巽　　　兑　　　南……亦本诸自然现象也。

乾

邵子之言数，以日、月、星、辰四者为基本。日之数一，月之数三十，星之数三百六十，辰之数四千三百二十〔一日十二时。十二（三百六十）＝四千三百二十〕，或乘或减，而成其所言各数。其言时间，以元、会、运、世为单位，三十年为一世，十二万九千六百年为一元，邵子曰："一元在天地之间，犹一年〔一单位，如是循环不已。〕也。"盖因宇宙悠久广大，无法经验，乃欲截取其中之一段或一部，研究之而得其公例，以是推诸其余。此为凡数术家公共之思想。杨雄《太玄》，欲据一年间之变化立为公例，亦犹是也。夫既因无法经验而欲据一部一节以推测其余，则其所立之说，自不能谓为必确，不过姑以是为推测而已矣。此起凡术数家于九原而问之，必无异辞者也。迷信者流，乃云邵子之数学，可以豫知未来，不亦适得其反乎。〔至其以元、会、运、世，而言皇、帝、王、霸，复以《易》《书》《诗》《春秋》配合之，而《礼》《乐》为实质，随四者而高低等，亦无甚意味矣。〕

邵子之说，见于《观物内外篇》〔言理。〕及《皇极经世书》；〔言数。〕其《渔樵问答》，浅薄已甚，必伪物也。

理学引入实行方面，最重要者为大小程、朱、陆、王五人。

大程以识仁为本，〔仁，即社会性。仁为目的；义为手段，为附属于仁者。〕曰："识得此理，以诚敬存之而已。"又形容其状态曰："廓然而大公，物来而顺应。"善矣。然未说出切实下手之方法。

小程则说出居敬、致知两端。朱子为畅发其理，曰："人心之灵，莫不有知；天下之物，莫不有理；惟于理有未穷，故其知有不尽也。

是以大学始教,必使学者,即其已知之物而益穷之,以求至乎其极,而一旦豁然贯通焉。则众物之表里精粗无不到,而吾心之全体大用无不明矣。"(《大学章句》释格物、致知。)昧者或谓天下之物,不可胜格;或问豁然贯通,究在何日?此乃痴话。此所谓格物,本非如今物理学之所谓物理,乃谓吾人处事之理。处事时事事用心推求,久之,则处事之理明白。正如读书多则文理自通,岂有驳读书者曰"天下之书,安可胜读;文理之通,究在何日"者邪?故此初不足难程朱,难矣也。

所难者,逐事用心,劳而寡要,不免陆子之所谓"支离"耳。故陆子欲先立乎其大者。然离开事物,而欲先用力于心,又不免失之空洞矣。若心之大本已立,又何须用功邪?

故必待王阳明出,谓知者心之体,用力于知,即是用于心。而心之本体既为知,必有被知之客体,客体即物也。主客体不能分离,故用力于物,亦即用力于知。至此,然后朱、陆之说,可合为一也。故曰:自朱、陆至王,实系辩证法之进化也。

```
                  心                    心
                                       （知）
        朱陆   知  道          王
               识  德
               之  之
               部  部
```

宋学自朱、陆而外,又有浙学一派。此派起于吕祖谦。〔字伯恭。〕祖谦好读史,〔重事功故。时人为言:"伯恭知古,君举知今。"〕浙东学者承之。其后分为永嘉、永康两派,永嘉以陈傅良、〔字君举。〕叶适〔字水心。在诸人中最有才德,然于理论上颇粗浅。〕为眉目,永康则以陈亮〔字同父。〕为巨擘。亮与朱子之辩论,乃针对贵王贱霸之意而发，其意谓英雄豪杰之心，皆有合乎天理之处，特不能纯耳，就其合时，亦与圣贤无异，故不可一概排斥，反使人认为不合天理，亦可有成：其言殊有理致。特亮之为人，不甚轨于正耳。叶适则颇攻宋人之空谈，其议论几于从根本上攻击宋学矣。宋代浙学，实开清代浙东史学之先路，亦为源远流长；但在理学中，不能称为正宗，以理学重内心，浙学偏重事功也。关学（张载一派）亦重实行，但偏于冠、昏、丧、祭之礼及缔约等，偏重社会事业及风俗改良。浙学则喜言礼、乐、兵、刑，偏重政治制度：此二者之异也。

理学家虽系以唯物论攻击佛学之唯心论，然其结果堕入空虚，亦与佛学家无异。惟佛家究尚有一成佛之希冀，虽后来竭力遮拨，究竟能知此意者系属少数，理学家讥其多著这些例子，如一点浮云翳太虚，不是真空者也：此由佛家本系宗教故然。理学则起原便非宗教，且系因反对佛教而起，而又能吸收佛教之长，故其自修之严肃，与笃信力行之宗教徒无异；而其脱尽迷信及祈求福报之观念，则非任何宗教徒所能逮也。其践履之严肃，纯以求本心安而已。人智日进，迷信无存在之余地，而感情不可无以陶冶之。现存之宗教，一切崩溃后，果何以陶冶人之感情邪？此种纯求本心之安之宗教作用，必大显其价值矣。

十、清代考据学

　　理学至王阳明，发达已臻极点。故此后学术之发达，方向遂转变，是为清代考证之学。

　　考证之学之初兴，不过厌宋学末流之空疏，务"多读书""求是"而已。其风实起自明世。专务博学者如焦竑、陈第等是也。兼讲经世者，如顾炎武、黄宗羲、王夫之等是也。诸人不但不排斥理学，且于理学入之甚深；但在讲经学时，不肯墨守宋人之说而已。降及清代康、雍之间，尚系如此。后人称为"汉、宋兼采派"（见《四库书目》）。至乾、嘉时，学者乃专务"搜辑""阐发"汉人之说；于宋儒之说，置之不论不议之列。至此，乃成为纯粹之汉学，为清代学术之中坚。

　　汉学家之功绩，在（一）通训诂，（二）勤校勘，（三）善搜辑，（四）精疏证：故使 a. 古书之误者可正、b. 佚者后复见、c. 古义之晦者复明，（五）而其实事求是、尊重客观之精神，于学者裨益尤大。惟其人无甚宗旨，内而身心，外而社会，皆非所措意。故梁任公谓为方法运动，而非主意运动也（见所著《清代学术概论》）。

　　考据学派之初兴，只是厌宋学末流之空疏，务多读书而已。其人并不反对宋学，且多深入宋学者，顾亭林（炎武）、黄梨洲（宗羲）、王船山（夫之）等无论矣，〔顾氏所著《郡县论》等经世之学，多本诸宋学。黄氏著《明夷待访录》，人多仅称其《原君》《原臣》篇，实乃具彻底改革整个社会之精神，亦来自宋学也。诸人于汉学仅其一端，且或并非其主要者，不过因清代汉学大行，而诸人亦遂以汉学著矣。〕即焦弱侯（竑）等亦然也。诸儒之立身及经世，仍以宋学为归，惟说经及考证古事，不囿于宋人之说耳。此派后来之人，自经学之立场言之，称为汉宋兼采派。梁任公著《清代学术概论》称胡渭、阎若璩为汉学之开山人物，（以胡著《易图明辩》，攻击宋人所谓《河图》《洛书》；阎著《古文尚书疏证》，就众所共尊之经，证明其为伪作之故。）亦在此派中。必至其所言者，专于疏通证明，补苴缀拾，而不复存一合汉宋之说而评判其是非之见，乃得称为纯正之汉学（此等人自亦非不可兼治宋学）。

汉学家人物甚多，难遍疏举。日人某分为皖、吴两派，章炳麟采其说，大致是也。皖派当以戴震为巨擘。近人多称道其《原善》及《孟子字义疏证》之说，以余观之，此说并无足取，此点俟后再论。皖派之伟绩，在长于小学。其巨子为段玉裁及王念孙。段为精治《说文》者之始，（清之治《说文》者，并非专于《说文》一书；乃以《说文》为中心，而旁及其他字书。）王则精治古人文法之始也。〔王著《读书杂志》，曾国藩称其能蕴含语气而得正确之解释；以今日言之，则为精治文法之学也。其子王引之著《经传释词》。〕俞樾之《古书疑义举例》，又为王之支流余裔。吴派当以惠栋为大宗，此派之伟绩，在长于搜辑及疏释。余萧客（《古经解钩沉》）、王鸣盛（《尚书后案》）、陈乔枞（《三家诗遗说考》）等，皆其代表人物。至于对一问题，搜罗证据，务极其周；疏释论断，务极其慎，则两派之所同也。

道、咸以后，经学又形成今文一派。此派起于常州之庄（存与）、刘（申受），衍于仁和之龚（自珍）、邵阳之魏（源），而极盛于近代之廖平及康有为。考据之学，最重源流派别，经学尤甚。分析汉、宋之后,再分析汉人之派别,本无足怪。惟此派之有声光,不尽在学术方面,而兼在政论方面。故如陈乔枞之专辑今文经说,不参议论者,今学派并不重之。分析今古文之精,莫如廖平,晚亦好为怪论也。此派议论,多带有经世色采,(一)庄、刘,(二)龚、魏,至(三)康有为,逐步加甚。此由(一)西汉经学,本重经世;(二)而时事日亟,亦有以诱之也。从纯学术立场言之,康有为新学伪经之说实非是。廖平分析今古学为齐、鲁学,则极可取。余为补充:齐学为治大国之规模,兼重节制资本;鲁学为治次等国之规模,但重平均地权(又极重教化)。新莽一派人,所以扶立古学者,由其所行政策,欲兼二者之故:似颇足备一解也。

清儒中,反对宋儒之理论者,著者有二派。一为戴震,说见其所著《原善》及《孟子字义疏证》。以为宋儒偏于言理而不顾人情,以改(一)视食色之欲,饥寒之患,为人情所不能免者,皆若无足轻重,而徒实一般人以旷世之高节;(二)太重名分,如君父与臣子之关系,几于不复论其是非。故主舍理而论情,情之所安,即为义之所在。案以凡民之欲为无足重轻,而不为之谋满足,宋儒并无其事,〔宋儒甚注意井田、社会、水利等。〕说近于诬。至于不得已之时,教民以轻生而重义,亦凡立教者皆如是。过重名分,宋儒诚有此弊,此由不知经传所言,乃就当时之社会立说,亦时君父之权固重也;至宋世,社会业已较为平等,宋儒不知此为社会之进步,而执古人之所言为天经地义,欲强后世之社会以就之,则人心觉其不平矣。然宋儒受病之原,戴氏并不知之;乃咎其偏于言理,而欲救之以情。不知情无客观标准,固行之者以为协乎人情,而受之者以为不能堪者矣。况宋儒所言之理,并非吾人当下推度所得之理;其所谓理者,必人欲去尽而后能见;故就实际言之,亦可谓无人能见得此理;其说用诸实际,诚不免失之空洞,然非如戴氏之所诋也。

又一派为颜元〔习斋〕，则其所反对者，不仅限于宋学，特于宋学为尤甚耳。其说讥中国之读书人，大偏于纸上，而不习实务。于宋学之空谈心性，屏书而不读者，自然反对尤烈矣。谓求之于心，久之而自觉其可信者，实系一种心理变态，逮用诸实事，则全不足恃。故主恢复古人六艺之教（礼、乐、射、御、书、数），凡事皆须实习。案谓中国读书人太疏于实务，自亦不错。但研究发明，与实际应用，分为两途，（一）由人性如有所长，（二）亦分工合作之理。若如颜氏所云，势必至降低学问之程度而后止。章炳麟讥颜氏弟子，〔李塨，字刚主。〕言数则仅通筹算之乘除，言书则粗知今隶之讹谬；即其明验。

又有调和于汉、宋之间，而兼调和于文与学之间者，是为桐城派义理、考据、辞章，三者不可缺一之说。此说创自姚鼐（姬传），后来桐城派皆宗之。章学诚之议论，亦于此为近。曾国藩本服膺姚鼐，故亦主此说，特其晚年，又间或益之以经济，（中国所谓经济，包括极广，非今经济学之义。）为四门耳。此说可谓甚正。但不分别普通及专门，则欲一人兼擅三者极难。即桐城派之本身，亦偏于辞章，于汉、宋二学之间，则又侧重于宋也。（如方植之著《汉学商兑》，力诋汉学，即其一极端之例。）

清代有特色之学术，尚有浙东学派之史学。浙西学派，亦推其考证之功，旁及史事；但多就事实为之补苴订正，而通观全局具有史识者甚少。〔如钱大昕之《廿二史考异》，王鸣盛之《十七史商榷》，赵瓯北之《廿二史札记》等皆是。〕浙东派则与之相反。〔如万季野、全谢山等。〕盖浙西学派，乃承王应麟、黄榦等之遗绪，为朱学中之一派。而浙东学术，则仍承宋时浙学之遗绪者也（吕祖谦一派）。〔此义《文史通义》首发之。〕以今日眼光观之，则浙西派近于专门史家，浙东派近于通史家；惟通史乃可称史学之正宗（专门史仍可归入各种专门科学内），故必浙东派乃可称为史学之正宗也。

浙东派最重要之人物为章学诚。其重要之著作，为《文史通义》，〔论文之语，固颇切当，然于文学上之价值并不高。其要乃在史学。〕其大功，在发明：一、史料与作成之史非一物；二、储备史料，宜求其丰富，著作历史，则当求其简；三、记注、比次，各为一事。吾国史学，有三名著：（一）刘知幾之《史通》；（二）郑樵之《通志序》；（三）章学诚之《文史通义》。（一）为始讲史法者；（二）为扩充史之内容者；（三）则确立史学与他学之界限，阐发史学真相者。必史籍稍多，乃想及讲史法；必人须之知识渐进步，乃觉史之所载为不备；必学问之内容，愈积愈丰富，乃感觉分种之必要。三先生之著作，恰代表史学进化之三阶级，亦时势使然也。

章氏对于汉、宋学及文学之意见，其结论颇近桐城派（义理、考据、辞章三者不可缺一），此无足深论。而其"六经皆史"之说，实由其对宋学之见解而来；此说能了解者颇少，致多误会，请一论之。

六经皆史者，章实斋对于宋学末流空谈心性之反动；固谓圣人不以空言立教，因之谓六经皆史。然在考证上，其说卒不能成立：盖执狭义之史（史官所载往事）为史，则六经除《书》与《春秋》之外，明明非史。若将史之义推而广之，谓一切故事之职掌，皆关涉史官；则如释学问，凡以文字记之者，何一不可目之为史？将史官之外无他职，而推原古代学术出于官守者，亦除史官而外，更无原本矣，有是理乎？章氏于六经皆史之说，引证论断，多属支离；《易》无可说，乃至牵涉历法，则更不足辨矣。（所引者，皆后人以历法附会《易》之辞，非作《易》时历已发达至此程度也。）后来祖述章氏之说者，大抵不能离"学术必资记载，记载专职诸史官"一观念，非此则六经皆史之说，不能主持也。至近世之章太炎，则因受此观念之影响，专认史官所记者为史（其余即非金石证亦认为价值大减）；于是骂康有为为妄人。〔章氏之论谓："……如是没丘明之劳，谓仲尼不专著录。假令生印度、波斯之墟，知己国之文化绵远，而欲考其事，文献无征；然后愤发于故书，哀思于国命矣。"（《国故论衡》△△篇）〕而不知论史材、史官所记，与传说、神话及他种著述，各有其用也。其又一反动，则为胡适之、顾颉刚一派。胡氏专取《诗经》《楚辞》为史料。顾氏初亦宗之；后虽渐变其说，而仍目古史官所记者为伪造：（如世系事。于此问题，章太炎辨古史官所记与神话非同物，却不错。）皆不免固执一说，而未能观其会通也。

十一、中国近代之思想家

顾炎武。发明有亡国(今所谓王朝)、有亡天下(今所谓国家、民族)之说,为民族主义之先驱。

黄宗羲。《明夷待访录》中《原君》《原臣》两篇,为民权主义之先驱。

然此大体上仍不能出宋学之范围,泛览理学家之书多者自知之。

俞正燮。亦一考据家。但深知古今社会之异,古之并不足尚。《癸巳类稿》《存稿》中,此类作品甚多。在思想方面,非他家可及。

但此亦不出汉学之范围。因汉学家中,亦时有能见到真际者,但不如俞氏之多而且透澈耳。其与近代思想关系最密切者,当首推龚自珍。(自珍与魏源并称。在学问方面,自珍远不如源之切实;以思想论,则源不如自珍之恢奇。)梁启超谓近代之思想家,最初无不受自珍之影响,且多好之甚深;此事实也。大抵今文经说,多有与后世普通思想异者,故思想瑰奇者多好焉。庄(存与)、刘(逢禄)已微启其端,至龚、魏而大,至康有为而极。若王闿运、廖平,则流于荒怪,乃走人旁门,不足道矣。但廖氏分别古书源流派别之法,确系极精;其自己所立之说虽荒怪,而此方法在古史研究上,将来必能放一异彩也(现在蒙文通颇能用之)。〔前人仅知以古书之整部,言其学

问派别。而廖氏知古书之不尽纯，乃就其一章一节而分别之；此其所以胜于前贤也。〕

康有为之学问，体段颇大。康氏之思想，自成一系统。其所用其资料者，则（一）西汉以前经学家之微言大义，（二）佛学，（三）理学，（四）又杂以西洋之科学、历史、政治制度、社会风俗等。康氏最富于六经皆我注脚之精神；其所取为资料者，不过取为资料，以佐吾说而已；或非其说之真相也——康氏原非考据家。现在，有从考据方面，采取其说者，如顾颉刚、钱玄同；有从考据方面驳斥之者，如钱穆。于康氏价值，均不能为增损。

康有为之思想，自成一体段。彼视天下终可达于太平，而其致之必以渐；乃以《礼运》大同、小康及《春秋》三世（据乱而作，进于升平，再进于太平）之说佐之。其对于宗教感情之热烈，及其论修察克治之精严，则其精神得诸佛学及宋学。其重视物质（有为著《物质救国论》），则其得诸近代欧化之观感者也。有为之为人也，富于理想，而于眼前之事实，认识不甚清楚。观其后来竭力反对对德宣战，且固执民主政体，必至争端，因之牵入复辟案中可知。

其弟子梁启超，世与其师并称为康、梁；实则性质与其师大异。启超之为人也，博学多通，而自己并无心得。但于各种学术，能（一）多所通晓；（二）且能观其会通；（三）又能援引学理，以批评事实。故其言论，对一般之影响甚大。

与康、梁同时者，尚有一谭嗣同，著有《仁学》一书；其思想之体段，亦颇伟大。但立说太幼稚，太杂乱，盖因早死，其思想未能成熟也。

此外近代有思想者，尚有一章炳麟（亦名绛），其人之思想，并不伟大，亦不精深，但极刻核，遇事皆能核其真相，不但就其表面立论；故不牵于感情，震于名声，如其所作《代议然否论》，是其一例。又有严复,论事亦主核实,近于炳麟。要之,近代之思想家,康有为近墨家、儒家、阴阳家,梁启超近纵横家,章炳麟、严复近法家。此外徒读故书,贩译新说,自己并无心得,皆不足称为学也。

　　西学输入以后中国学术曾受何等影响? 此当以根本改变吾人之思想者为限。若忠实翻译,或引伸发论,则仍是他人之学术也。以吾观之,中国学术思想,受西洋之影响者,有下列数问题:(一)受科学之影响而知求真,(二)不责实用,(三)知分科之当务细密:此皆方法问题。在主义上,其初"中学为体西学为用"之说,固不足论;后来偏重政治,实则西洋政治学说,与中国并无根本异点。其最后能改变中国人之思想者,达尔文之《种源论》,马克斯之《资本论》;此两书本非只讲一种学问,其影响,可使各种学问之观点,皆因之而改变者也。(凡学问必如此,乃可谓之伟大。但此等大发明,多系时代为之,非尽个人之聪明才力也。)〔《种源论》盛于民国前十余年至民五六年,自强之观念,由是普遍于中国。《资本论》盛于民五六年至今日,由是而得认识社会组织。(社会之组织,各有不同,皆随环境而定,并无优劣之分。)至于其他西洋有名之学说,若"四度空间"等,则以不合中国学术之个性,未能有影响于中国。(四度空间为物理学上最有价值者,而于哲学上则平;中国哲学之发达,远胜于物理学;故其说亦鲜有注意者矣。)学术之事,穷极则复;苟于其穷时,有一新学术输入,而惬心贵当,则遂假而用之,不复劳自己进行新发现。故设西洋学术不于是输入,中国学术亦自将另起一新局面。此犹玄学之后,适有高深之佛教输入,而学者不复旁求矣。〕

医籍知津

一、绪 论

中国医学，可分数期：自西周以前，为萌芽之期，春秋战国为成熟之期，两汉之世为专门传授之期，魏晋至唐为搜葺残缺之期，两宋至明为新说代兴之期，起自明末，盛于有清，为主张复古之期；此一切学术皆然，而医学亦莫能外也。

诸学之中，儒学最显，今试借以为喻。仲尼祖述尧舜，宪章文武，《诗》《书》《礼》《乐》《易》《春秋》，皆西周以前古籍，孔子因之，以成删定之功。六经皆史之说，虽亦不免武断，要非前无所承决矣，所谓西周以前为萌芽之期也。及孔子出而集其大成，七十子后学之徒，传播其说遂臻极盛，所谓春秋战国为成熟之期也。遭秦焚书，六籍残阙，然老师宿儒，犹各抱专门，以相授受。其时承学之士守家法皆极严，虽复不能相通，而亦不为臆论，所谓两汉之世，为专家授受之期也。汉末丧乱，传绪载绝，后之学者，不复能亲承口说，而徒求之于简编，于是有南北朝隋唐义疏之学，所谓搜葺阙佚之期也。至于宋儒，乃排弃旧说，以意推求，自谓渊源直接洙泗，元明二代，其说大行，所谓新说代兴之期也。明末诸儒厌其末流之空疏，而复求之于古，至于清代，汉学乃代宋学而兴，所谓主张复古之期也。中国治汉宋二学者，每互相訾謷，其于自汉迄唐诸儒，遂各以意为好恶。平心论之，中国一切学术，规模皆大定于战国以前，自秦以降，不过就古人之成说，引伸推衍之耳，未有能自创一说，卓然与古人并立者也。近之论者，谓中国学术，自秦以降，即停滞不进，诚不为过。夫既已不能自创一学，而徒袭古人之学以为学矣，则其于古人之成说，焉得不视同拱璧？汉唐诸儒之抱残守阙，自不能谓为无功，然其物既已残阙矣，徒能抱之守之，而不复能观其会通，势必至于扞格而不可通，龃龉而不相入。宋儒之起而以意推求，势也。然学术之真，必存于事物，古人之发明学术者，盖靡不即事物而求其所以然，其在宋儒，虽亦曰即物穷理，实则徒托空言而不免仍为古人之成说所囿，其必不能尽当于事物之理之真，且必不能尽得古人立说之意，盖可知也。清儒之起而主张复古，亦势也，势之所必至，即为理之所固然。《易》曰："穷则变，变则通。"相变也而实相因，亦即所以相成。明于进化之理者，固不必更存主奴之见矣。

　　惟医亦然。吾国医学之兴，遐哉尚矣。《曲礼》：医不三世，不服其药。孔《疏》引旧说云：三世者：一曰黄帝针灸，二曰神农本草，三曰素女脉诀，又云，夫子脉诀。此盖中国医学最古之派别也。其书之传于后世者，若《灵枢经》，则黄帝针灸一派也，若《本经》，则神农本草一派也，若《难经》，则素女脉诀一派也；其笔之于书，盖亦在周秦之际，皆专门学者所为也。针灸之有黄帝，本草之有神农，脉诀之有素女，犹之仲尼所祖述之尧舜，宪章之文武也；其笔之于书之人，则祖述宪章之仲尼也；其传承派别可以推见者，华元化为黄帝针灸一派，华佗，字元化，汉末沛国谯人。张仲景为神农本草一派，张机，字仲景，东汉南阳人。秦越人为素女脉诀一派。秦越人，即扁鹊，战国时齐国勃海鄚人。仲景之师，元化之弟子，皆著见载籍。《史记·扁鹊列传》载其所治诸人，多非同时，或疑史公好奇，不衷于实，不知"扁鹊"二字，乃治此派医学者之通称也，秦越人则其中之一人耳。此其专家授受，各有师承，犹两汉之有经师也；特医学之显，不及儒术，故其传授世次,不可得而考耳。其中绝不知何时,然亦必当汉魏之际,故后此治医学者,若皇甫士安,皇甫谧,字士安,晋安定朝那人。若陶弘景,陶弘景,字通明,南朝丹阳秣陵人。皆无复口说可承,而徒求之于简编也。其搜讨掇拾之功最巨者,于隋则有巢元方,巢元方,隋大业中太医博士。于唐则有孙思邈、孙思邈,唐华原人。王焘。王焘,唐郿人。此医家义疏之学也。南北朝隋唐诸儒,缀辑汉儒之说,孙、王等盖亦缀辑汉后医家所传也。北宋以后,新说渐兴,《四库提要》云:儒家之门户分于宋,医家之门户分于金元。此以其显著者言也,实则其机亦肇自北宋,见后。至金、元而大盛,张、刘、朱、李之各创一说,竞排古方,犹儒家之有程、朱、陆、王,异于汉而又自相歧也。至明末而复古之风渐启,清代医家多承之,则犹儒家之有汉学矣。均见后。人不能无为时势所限,而时势之迁变,又率由一二人造之,还相为因,莫知其朕,欲明于学术之升降者,知人论世,二者固不容阙一矣。

二、最古医经：《素问》《难经》《灵枢经》

　　针灸相传始于黄帝，本草肇自神农，脉诀传之素女，此以言乎其托始之时耳。至按其学术之性质而为之分类，则为医经、经方二家。医经，犹今言医学；经方，犹今言药学也。神农本草当属经方家，针灸、脉诀则同属医经。其书之传最古者，在医经，当推《黄帝内经》，《汉志》作十八篇，皇甫谧以《素问》《针经》各九卷当之。所谓《针经》，当与今《灵枢》相出入，《素问》则即今本也。何以知之？案《素问》之名，昉见仲景《伤寒杂病论集》，言论所以集此书之意，宋本如此。后世刻本改为自序，非。或疑仲景所撰用者，未必即今《素问》，然《北齐书·马嗣昭（明）传》，有"博综经方、《甲乙》《素问》"之言；《北史·崔彧传》又有"以《甲乙》《素问》善医术"之语；《南史·王僧孺传》亦云"侍郎金元起欲注《素问》，访以砭石"。金元起即世所称全元起，字以形近而讹也。则其书自汉以来，医家传习，未尝失坠可知矣。至唐王冰注之，乃大明于世。惟《刺法》《本病》二篇，冰本亦阙。宋刘温舒作《素问入式运气论奥》，始以此二篇附刊于后，为一卷，称为《黄帝内经素问遗篇》。嘉祐中，遂以此二篇附刊于王本之后，颇不可信。《宋史·艺文志》载《素问遗篇》四卷，其卷数亦不符也。《明史·艺文志》载赵简王补刊《素问》一卷，谓世传王冰注本有阙，简王得全本补之。案简王所刊，即世所传赵府居敬堂本，其所刊者，亦即此二篇也。

　　《素问》之素,王冰释之为本,不过望文生训耳。案《云笈七签》引《真仙通鉴》云：天降素女,以治人病,黄帝问之而作《素问》。与孔《疏》所引之说相符,当系古义。可见今《素问》实为古代素女脉诀一派之学,扁鹊传之,故继之而作《难经》也。

　　八十一难之名,亦见仲景《伤寒杂病论集》。皇甫谧《帝王世纪》云：黄帝命雷公、岐伯论经脉,旁通问难八十一,为《难经》。隋萧吉《五行大义》；唐李善《文选·七发》注引此书文,并称《黄帝八十一难》。《隋书·经籍志》亦载《黄帝八十一难》二卷。其以为秦越人作者,实始唐杨玄操,其言云：黄帝有《内经》二帙,帙各九卷,而其义幽赜,殆难穷览,越人乃采摘英华,钞撮精要,二部经内,凡八十一章,勒成卷轴,既弘畅圣言,故首称黄帝。见《史记·扁鹊列传》正义。案《史记·扁鹊列传》,称天下至今言脉者由扁鹊,则素女脉诀之学,扁鹊实传之。玄操所言,必非无据；惟史公此传,所包甚广,玄操云云,似亦误以"扁鹊"二字,为越人一人之称号也。又案《文苑英华》载王勃《难经序》云：《黄帝八十一难》,是医经之秘录也。昔者岐伯以授黄帝,黄帝历九师以授伊尹,伊尹以授汤,汤历六师以授太公,太公授文王,文王历九师以授医和,医和历六师以授秦越人,越人始定章句,历九师以授华佗,佗历六师以授黄公,黄公以授曹夫子。曹夫子讳元,字真道,自云京兆人也。其说自不可信,然亦可见此书自唐以前,确有授受源流。

　　其针灸一派,最古之书当推《灵枢经》。然或以当皇甫谧所称之《针经》,谓即《汉志》《内经》十八篇之九,则非也。案谧之言云：《七略》《艺文志》：《黄帝内经》十八卷,今有《针经》九卷、《素问》九卷,二九十八卷,即《内经》也。又有《明堂孔穴针灸治要》,皆黄帝、岐伯选事也。三部同归,文多重复,错互非一。见《甲乙经》。后人以今《灵枢经》与谧所称之《针经》,卷帙适相当,且其文与《甲乙经》多相复缠,断二者即一书；且云《灵枢》之名,《隋志》不载,而有《黄帝针经》

九卷,《九灵》十二卷。至《唐志》则并无《针经》之名,但有《九经》十二卷。宋绍兴中,史崧乃以家藏旧本《灵枢》献之。盖《隋志》之《九灵》即《唐志》之《九经》,其《针经》即史崧所献之《灵枢》,当唐暂晦,至宋乃出也。然《宋史·哲宗纪》:元祐八年正月庚子,尝颁高丽所献《黄帝针经》于天下。元祐、绍兴相距几何时? 虽遭丧乱,岂有即亡之理? 继云已亡,校理者岂皆不及见,而误谓崧家藏孤本,久晦复出邪? 则宋时实不以此书为《针经》可知。吕复《群经古方论》谓王冰以《九灵》更名为《灵枢》,与《唐志》所载卷数不合,晁公武《郡斋读书志》,谓好事者从《内经·仓公论》中钞出,名为古书,亦羌无实据。予谓此等专门家之书,昔时传者颇多,皇甫谧所见已有三种,实尚不止此数也;《灵枢》亦此类书之一耳,必欲以配《素问》为《内经》十八篇之九固非,然其确为古籍,则断断无可疑矣。《针经》等书,当皇甫谧时,必已极难读,所谓错互非一也,故谧重定之为《甲乙经》。《甲乙经》既成,当时必推为善本,《针经》等书,遂罕传习。观《马嗣昭(明)》与《崔彧传》皆以《甲乙》与《素问》并举可知,其书遂在若存若亡之间,隋时仅存,迄唐而亡,至宋乃复得诸高丽,固理之可信者也。

三、本草之学源流

　　本草之名,始见于《汉书·平帝纪》元始五年,征天下通知逸经、古记、天文、历算、钟律、小学、史篇、方药、本草及以五经、《论语》《孝经》《尔雅》教授者,所在为驾一封轺传,遣诣京师。至者数十人。及《楼护传》,《传》云:护少随父为医长安,诵医经、本草、方术数十万言。乃学科之名,非书名也。故《汉志》经方十一家二百七十四卷,无以本草名者。至梁《七录》,乃有《神农本草经》之名,而《隋志》因之,则犹今人言药物学书耳。"神农本草"四字为学科之名,经字为书名。盖针灸之术,必深明于人之脏腑经脉,非若药剂之易施,其为用较广,故其书亦较通行也。其著之简策,盖亦在晚周之时,陶弘景所谓与《素问》同类者也。其书专家相传,颇多窜乱,至弘景,始从事于校理,其言云:"世传《神农本草》,只此三卷。"所出郡县,多后汉时制,疑仲景、元化等所记。案仲景、元化为当时医家两大师,故举以概其余,言若仲景、元化一流人,非实指仲景、元化也。下吴普、李当之徒同。又有《桐君采药录》,说其花叶形色,《药对》四卷,论其佐使相须。魏晋以来,吴普、李当之徒,更复损益,或五百九十五,或四百四十一,或三百一十九,或三品混杂,冷热舛错,草石不分,虫兽无辨;且所主治,互有得失,医家不能备见,则知识有浅深,今辄苞综诸经,研括繁省,以《神农本经》三品,合三百六十五为主。又进名医别品三百六十五,合七百三十种,精粗皆取,无复遗落,合为七卷云。盖合诸专家所传而折衷于一是也。自是以后,历代相因,屡加修辑。其在唐显庆中,苏恭、长孙无忌等奉敕所修者,世谓之《唐本草》,亦曰《唐新修本草》。孟蜀时,韩保昇又奉命重修,稍增注释,世称《蜀本草》。宋太祖开国,命刘翰、马士(忘)等修辑,士又为之注。先是唐开元中,有陈藏器者,撰《本草拾遗》十卷,以补《名医别录》之阙,及是亦采入焉,是为《开宝新详定本草》。后以或有未允,又命翰等重加详定,为《开宝重定本草》。嘉祐时,掌禹锡奉敕加注,为《嘉祐补注本草》。大观中,蜀人唐慎微汇合诸家,唐慎微,字审元,成都华阳人。兼采经史中言医事者,随类附入,名曰《证类本草》,于诸本中称最善焉。盖自李时珍《纲目》以前,官修者凡五,私修者凡二,实皆以隐居所修为蓝本,陶弘景,字通明,自号华阳隐居。而辗转附益者也。

古代所传之《神农本草经》,至陶弘景时,既多窜乱,弘景始为之分别,于旧所传者,书之以朱,后来所附益者,书之以墨。其所分别,固未必尽当,然终当去之不远。嗣后辗转相传,淆乱又甚,《开宝新详定序》所谓:朱字、墨字,无本得同,旧注、新注,其文互异者也。然淆乱虽甚,其区别卒未尝废,至《证类本草》犹然。后世考古之士,斤斤焉欲求《神农本经》之真面目于百一者,其所据犹《证类本草》之黑白文也。《证类本草》,清代所传凡有二本:一为明万历丁丑翻刻元大德壬寅宗文书院本,前有大观二年仁和县尉艾晟序,《书录解题》称为《大观本草》盖以此。一为成化戊子翻刻金泰和甲子晦明轩本,前有政和六年提举医学曹孝忠序,故此本亦称《政和本草》。二本相较,《大观本》朱书墨盖,较为分明,而《四库》转以《政和本》著录,非知言也。厥后孙星衍及从子冯翼字凤卿。校辑《神农本草经》,所据者即《大观本》之黑白文。又就《御览》所引,云生山、谷、川、泽者,定为《本经》,其有郡县名者,定为后人羼入,刻入《平津馆丛书》

中。然《神农本经》，李时珍《本草纲目》亦载其目，与孙氏所辑大异。其后顾观光字尚之。又别辑一本，刻入《武陵山人遗书》中，则皆以李氏所载为据者也。平心而论，时珍网罗虽富，辨别古籍，初非专长，其所厘定，岂能胜于唐慎微？然《开宝新详定序》已云朱字、墨字，无本得同，旧注、新注，其文互异，则慎微所定，又岂必其近古乎？又况泰和中所刻《政和本》，有大定己酉麻华（革）《序》及刘祁《跋》，并云中（平）阳张存惠将寇宗奭《本草衍义》增入，而《大德本》亦然，盖元人复刻时，又从《金本》转录也。则今所传《证类本草》，又非唐氏之旧矣。日本望三英有刻本，云系家藏旧本，未为张存惠所窜乱，不知可信否。如是而欲引为古据，不亦谬乎！要之古书之传播愈广者，其窜乱亦愈甚，今日医家各种古籍，皆尚可从事校理，独《本经》则竟无良策也。《汉志》所谓经方家，当兼方药二者言之，然后世方书传者极多，而本草则只此一种，且不必后世，即《汉志》所载十一家，其九家固为方书，《汤液大法》三十二卷，不知为方书抑药书。《神农黄帝食禁》七卷，《周礼》贾《疏》引作《食药》，孙星衍谓"禁"字当讹。《食药》，即本草之类。又《周礼》郑《注》：五药：草、木、虫、石、谷也。其治合之剂，则存乎神农、子仪之术。贾《疏》引《中经簿》，有子仪《本草经》一卷，或出陶氏所传之外，然亦仅此耳。盖古代格物之学不明，只知用药以疗疾，而不复知考求药性之本原，今人所谓知有术而未足与于学也。

四、《伤寒杂病论》与《金匮要略》

　　《内》《难》《本经》而外，医家古籍无过仲景之《伤寒杂病论》。案史载仲景书目甚多，梁《七录》有《黄素方》二十卷，《伤寒身验方》一卷，《平(评)病要方》二卷。《隋志》有《疗妇人方》二卷，《张仲景方》十五卷。新旧《唐志》亦载《仲景方》十五卷。《宋志》又载《脉经》《五藏荣卫论》《五藏论》《疗黄经》《口齿论》各一卷。陈自明云：男子、妇人伤寒，仲景治法，别无异议。比见民间有妇人伤寒方书，称仲景所撰，而王叔和为之序。以法考之，间有可取，疑非古方，特借圣人之名，以信其说于天下也。《妇人良方》。则诸史所载，盖亦不免依托。孙真人称江南诸师秘仲景要方不传。其所秘者，岂果尽出于仲景哉？盖自汉而后，明于针灸者，惟元化独传；长于方药者，则仲景最著，实为当时两大师，故依托之者众也。观魏晋而后，论列医家者，恒以元化、仲景并举可知。然书虽不必果出仲景，其中亦必多存古方，而今竟无一传者，可惜也。范、陈二史皆不为仲景立传，论者多疑之，予谓此无足异也。古之视医，不过执伎事上之流，越人、元化盖亦后世草泽铃医之类耳。仲景尝为太守，则史家不复厕之方伎之列矣，然医家则固奉为大师也。

　　《伤寒杂病论》论集自言凡十六卷。《隋志》不载此书，而注引梁《七录》：有张仲景《辨伤寒》十卷。《唐书·艺文志》载《伤寒卒病论》十卷。案"卒病"为"杂病"之讹，见郭雍《伤寒补亡论》。今诸篇皆冠以"辨"字，则《唐志》所谓《伤寒卒病论》者，实即梁《七录》所谓《辨伤寒》，其卷帙与论集所言不符者，盖全书论伤寒者十卷，杂病者六卷，后人析而为二。《七录》《唐志》所载，皆其论伤寒之十卷，而《唐志》又以冒全书之名也。此书尝改题曰《金匮玉函方》，《证类本草》所引悉然。观《周礼》贾《疏》《疾医》。已有张仲景《金匮》之名，则其由来已久。《晋书·葛洪传》：洪著《药方》百卷。《肘后方》及《抱朴子》皆云所撰名《玉函方》，则"玉函"盖古时方药书之通名。然《外台》所引，仍均称《伤寒论》，盖从其朔也。宋时析行之《伤寒论》十卷犹存，而论杂病之六卷久亡，惟有一本，将全书十六卷删节为三卷者，名《金匮玉函要略》，尚存于馆阁中，其书上卷论伤寒，中论杂病，下载其方，并疗妇人。王洙于蠹简中得之，以其论伤寒者文多简略，但取杂病以下至服食禁忌二十五篇二百六十五方，而仍其旧名。见《书录解题》。林亿等校理，又取此二卷分为三卷，以符原题之数，而改名曰《金匮方论》，即今《金匮要略》也。盖自针灸之术失传，中国医家治病，惟籍方药一科，然古书或有方而无论，或有论而无方，求其方论兼全而其传又最古者，后世于医学无所发明，皆固袭古人而已。因袭既久，不免传讹，故医书愈古愈可贵。盖莫《伤寒杂病论》若，而其阙佚不完又如此。盖医学之有待于张皇补苴者多矣，学者其可专己以自封哉！《伤寒论》刻本，精者颇少，《武陵山人遗书》中翻宋本较善。

五、脉经与脉学

脉学原起亦甚古。近人多诋其术之不足恃,然古言四诊,切本居末,后世医论,遇有证脉相违者,亦多主舍脉从证,间有主舍证从脉者,则必逆知此证将有变动,不当徒泥目前之证以施治,而此证究竟将有变动与否,则借脉象以参之,非徒恃切脉遂可治病也。故切脉者,诊察之一术而未足语于诊察之全也。然世之知医者少,皆视医为神妙不测之事,以证为人人所共见,脉为医家所独知,遂谓医之于脉,别有不可言传之妙,而医家亦借此自炫,以欺愚昧,其流失几谓专凭脉象,便可治病,此流俗人之言,非学人之论也。夫诊察之术、望、闻、问、切四者,岂足尽之? 然今之医家于望、闻、问三者,讲求尚罕,皇论其他! 此诚中医之过,然谓脉不足尽诊察之术则可,谓其并非诊察之一术则不可。中医数千年来他种诊察之术均不讲求,乃独致力于脉,其凭虚臆度、谬妄可笑之论诚极多,亦间有辨析精微,足资参证者,固未可一笔抹杀也。

古代脉学,搜辑之功,首推王叔和,王叔和,名熙,魏晋间高平人,任太医令。《脉经》一书包孕弘富,后世言脉学者,卒莫能越其范围,且所引古籍多与今本不同,《内》《难》《伤寒》,皆资参证,诚医家之瑰宝矣。此书《隋》《唐志》皆著录。五代时,仅有传本,且讹夺特甚。宋熙宁中,出内府藏本,命林亿等校雠,刊板行世。然其传不广。嘉定间,陈孔硕以所得福建本刊之广西漕司。元泰定四年,柳赟、谢缙翁复刻陈本于江西宗濂书院。明吴勉学《古今医统》亦有刻本,颇多谬误。万历三年,福建参政徐中行属袁表校刻,校雠少精而又有以意删改处,清《四库》未著录。道光时,嘉定王鉽始以所藏旧钞本与元泰定本、明童文举重刻袁表本及赵府居敬堂本互校刊行。同时金山钱熙祚亦得是书,刻入《守山阁丛书》中。光绪辛卯,建德周学海又合校钱、黄二本,刻入所刊《医学丛书》中。盖此书若存若亡者二千年,几亡而幸存者数矣。中国医家皆好言脉,而卒莫肯研讨是书,而俗陋之脉学纷纷而起,亦可见医家真能治学问、读古书者之少也。**伤寒中之平脉、辨脉,亦当出于叔和。**

六、晋以后针灸学

　　针灸家之书为晋以后人所辑者，当以《甲乙经》为最古。此书自言本于《针经》及《明堂孔穴针灸治要》，则《内经》十八卷中《针经》九卷之遗，实当于此书见之。且针灸之术，通者校少，故其传书，讹夺尤甚。当谧时，此三书者既已错互非一，而谧实为之校正，则读古代针灸之书者，尤当以此书为据也。此外《隋》《唐志》所载诸书悉亡佚，其存于今者，惟宋王惟德《铜人腧穴针灸图经》三卷，暨不著撰人名氏之《铜人针灸经》七卷，西方子《明堂灸经》八卷。《铜人腧穴针灸图经》为仁宗时惟德奉敕所撰，与其所铸铜人相辅而行。见《读书志》及《玉海》。周密《齐东野语》记宋时所铸铜人，极为奇巧。原文云："尝闻舅氏章叔恭云：昔倅襄州日，尝获试针铜人。全像以精铜为之，腑脏无一不具。其外腧穴，则错金书穴名于旁。凡背面二器相合，则浑然全身。盖旧都用此以试医者。其法外涂黄蜡，中实以水，俾医工以分折寸。案穴试针，中穴则针入而水出，稍差则针不可入矣，亦奇巧之器也。后赵南仲归之内府。叔恭尝写二图，刻梓以传焉。"则此书当然专门授受之遗，然传本极少。《四库书目》因误以《铜人针灸经》为惟德书，后慈溪冯一梅乃得三书互校，则惟德所载腧穴，半为《铜人针灸经》所无，而《铜人针灸经》第二、三、四、六卷所载诸穴，亦有为惟德《经》所无，并为王冰《素问注》、《甲乙》、《千金》、《外台》、《圣济》诸书所未载，冯氏谓其别有师

承，信然。盖此类专家授受之书，固不过存十一于千百耳。观历代书
目可见。《明堂灸经》则依据惟德书删其针法而成。盖针之误人较
易，后世鲜能工其术者，遂有此专言灸法之一派，《外台》其先河也。
然此书分别部居，实取用《千金方·明堂三人图》，主治各病，亦兼采
《外台》诸家，故与惟德书仍互有同异。按《千金·明堂三人图序》
云：旧明堂图年代久远，传写错误，不足指南，今一依甄权等新撰为
定。则《千金》所本《明堂》，实为甄权所撰，与《甲乙经》所本《黄帝明
堂》不同。盖一为旧传之本，一为新定之本。今甄权所撰《明堂》已佚，
《千金》所载《明堂三人图》亦不存，犹赖此书见之。又《铜人针灸经》
于惟德书所载腧穴不全录，而此书视惟德书有增无删，尤可宝也。
以上略本冯氏校识之语。案冯氏所校，即《当归草堂丛书》本，其所改字，仍汇
记于后，检阅即仍可见原本之旧，至为矜慎。又案"明堂"二字，为古人称人体
生理之名，其义未闻。钱曾《读书敏求记》曰："昔黄帝问岐伯以人之经络，尽书
其言，藏于灵兰之室。洎雷公请问，乃坐明堂授之，后世言明堂者本此。"其说
当有所本，然恐非古义。《隋志》有《明堂孔穴》五卷、《明堂孔穴图》三卷，又《明
堂孔穴图》三卷。《唐志》有《内经明堂》十三卷、《黄帝十二经脉明堂五藏图》一
卷、《黄帝十二经明堂偃侧人图》十二卷、《黄帝明堂》三卷、杨上善《黄帝内经明
堂类成》十三卷、杨玄孙《黄帝明堂》三卷，今并佚。

　　《黄帝虾蟆经》一卷，日人所刻，论月中逐日虾蟆兔之生省，而人
气所在，与之相应，不可针灸。原有识语，谓《隋志》有《黄帝虾蟆忌》
一卷，当即此书。又《太平御览》引《抱朴子》：《黄帝经》有《虾蟆
图》，言月生始二日，虾蟆始生，人亦不可针灸其处。《隋志》又有《明
堂虾蟆图》一卷、徐悦《孔穴虾蟆图》三卷，则似晋宋间其说已行于
世。《史记·龟策列传》有月见食于虾蟆之语，则其书似出于汉人云
云。案日本人所云中国古籍，亦有不尽可信者，然此书则似非伪
造也。

七、隋唐辑存之古医书

古代医家之书，为隋唐人所辑存者，当推巢元方《诸病源候总论》、孙思邈《千金方》、王焘《外台秘要方》三书。《病源》六十七门，千七百二十论，为古代医论之渊薮。其书为隋时诸医奉敕所撰，而巢元方总其成。见《四库提要》。以儒家之书譬之，犹孔颖达之义疏也。《千金》《外台》皆以方为主，所收既博而又多出古来专家之传授，迥非后世凭虚臆度，自制一方者可比，亦医家之鸿宝也。《千金》《外台》卷帙浩博，后世能羽翼之者极寡，惟清张璐有《千金方衍义》三十卷。又《千金宝要》十七卷，附论及《千金须知》为十八卷，宋宣和中，郭学士思删节《千金方》而作，刻石华州公署。明正统、景泰间，俱有木、石刻本。隆庆六年，秦王守中复刻石耀州孙真人祠，清《四库》未著录。孙星衍得明刻拓本，刻入《平津馆丛书》。

其托名古书而实不可信者，则有《肘后备急方》《中藏经》《褚氏遗书》三种。《肘后方》，本名《肘后卒救方》，为晋葛洪所撰，陶弘景补其遗阙，都百有一首。改名为《肘后百一方》。隋时陶书已亡，而葛书迄赵宋犹存。见《隋书·经籍志》及《宋史·艺文志》。金杨用道取《证类本草》所载诸方，随证附入，名为《附广肘后方》。元至元间，有乌某者，得其本于平乡郭氏，始刻而传之。段成已为之序，称葛、陶二君共成此书，而不及杨。明嘉靖中，知襄阳府吕容又刻之，并列葛、陶、杨三序于卷首，书中凡杨氏所增者，别题"附方"二字，列之于后，而于葛、陶二家之方，则不加分别。案陶书当隋已亡，乌氏焉得而刊之？乌氏且未得杨氏附广之本，吕氏又孰从而得之？其为伪托显然矣。《中藏经》托之华佗，前有邓处中一序，称佗得是书于公宜山老人，己为佗外孙，因佗殁后示梦，得之石函中。《褚氏遗书》则托之南齐褚澄，谓黄巢时群盗发冢，得其石刻。有萧渊者，其父见之载归，遗命即以为椁，而渊叙其事，亦刻诸石，僧人义堪复得之萧氏冢中云。立说诡诞，辞尤鄙浅，其为伪托更不俟论，然二书立论处方，皆颇合古谊，且叔和《脉经》已引华氏《内照法》中语，周密《癸辛杂识》，亦引褚书"非男非女之身"一条，则亦有古书为据。二书均至《宋史》始著于录，盖唐末五代人所伪造也。《中藏经》，《通志·艺文略》及《书录解题》均著录。《宋史》作《黄氏中藏经》。"黄"字盖"华"字声误。其书宋元间传钞颇广。明吴勉学始刻入《古今医统》中。清孙星衍两得元人写本，均称赵文敏书，以校吴本，每篇夺误各数百字，方药份量亦均被删，乃校定为三卷，刻入《平津馆丛书》中。然此书别有坊本，讹夺难读，而后别附《方》一卷、《内照法》一卷。周学海刻《医学丛书》，又取其《方》及《内照法》，刻诸孙氏三卷本之后，然钱塘胡氏《百名家丛书》及《格致丛书》亦刻此书，又有《内照法》一卷，周氏又未之见也。

八、宋以后医方之搜辑传播

中国经籍之传世，至宋而始多，盖锓板之术盛于是时使然。然医家之书，经宋人搜辑传世者，医经类甚少，同一经方也，本草类亦甚少，而方书独多。盖医理深邃，非尽人所能知，方药则事足便民，好搜辑之者较众；又格物之学不明，徒知搜辑成方以治病，而不复能研求药性，所谓知有术而未足语于学也。职是故，医经及经方中本草一类之书，传者遂少，虽欲搜辑之，亦有无所取材之叹。历代政府重视医学者，无过于宋，当时官纂之书，《本草》而外，亦不过《局方》及《圣济总录》二书，卒不能如隋代之采辑众论一以成病源，则医家专门授受之学，至宋而日以亡失，概可见矣。此以辑旧说成书者言，宋人自创新说者不在此限。

《太平惠民和剂局方》凡十卷，按绍兴十八年改熟药所为太平惠民局。成于元丰中。时诏天下高手医各以得效秘方进，下太医局试验，依方制药鬻之，仍摹本传于世。见《读书志》。政和中，徽宗御撰《圣济经》十卷，又集海内名医，出御府禁方，共相讨论，成《圣济总录》二百卷。二书虽驳杂不纯，然前此专家之遗，多在于是，终可宝也。岳珂《桯史》尝讥《和剂局方》用药差讹，以补虚门中山芋丸误写牛黄清心丸之后，盖官修之书，往往不免如此。《局方》尚有完本，《圣济总录》久而佚脱。清程云来购求残阙。程云来，名林，休宁人。用力至勤，尚阙百七十三至七十七五卷,就其所得,删录为《纂要》二十六卷,后震泽汪鸣珂又展转搜补重刻之,中只三卷漫漶者百有三行,余皆完好矣。其私家所辑传于今者,则有**王衮之《博济方》五卷**、王衮,太原人。此书传本久佚,清开四库馆,从《永乐大典》中辑出,其中方药,多为他书所未载。**沈括之《苏沈良方》八卷**、此书本沈括所辑方书,后人以苏轼《医论》附入,改名为《苏沈良方》,实未安。**陈直之《养老奉亲书》一卷**、元邹铉续撰三卷,改名《寿亲养老新书》。**洪遵《洪氏集验方》五卷**、遵字景严。此书久佚,李时珍《本草纲目》征引宋代方书,亦未及。嘉庆中,吴县黄丕烈得宋本,重刻之。**董汲《旅舍备要方》一卷**、汲字及之,东平人。**王贶《全生指迷方》四卷**、贶字子亨,考城人,宋《艺文志》作三卷,久佚,清四库馆从《大典》中辑出,改为四卷。**许叔微《普济本事方》十卷**、许叔微,字知可,或曰扬州人,或曰毗陵人。**夏德《卫生十全方》三卷、《奇疾方》一卷**、夏德,字子益,清四库馆从《大典》辑出。**吴彦夔《传信适用方》二卷**、**东轩居士《卫济宝书》二卷**、袁永之影宋刻本。**严用和《济生方》八卷**、清四库馆从《大典》辑出。**史堪《史载之方》一卷**、堪字载之,周学海《医学丛书》中有之。**张锐《鸡峰普济方》三十卷**、此书第一卷为诸论,盖锐所自撰,以下二十九卷皆裒辑成方,各分门目,《宋志》作张锐《鸡峰备急方》一卷,马氏《经籍考》同,今为全书中之第三十卷,盖别有单行本也。《本草纲目》引亦称《鸡峰备急方》,则亦未见他卷。道光八年,长洲汪士钟得南宋椠本覆刻之,目录阙一至九叶,第十卷五叶,二十卷十五、十六页,二十二卷四、五页,二十五卷半叶以下,二十三卷一至十一叶亦皆阙,余均完好。**王璆《是斋百一选方》二十卷**、宽政己未,日本医官千田子敬,假荻元凯所藏元本重刻。璆字孟玉,山阴人,是斋其号,仕为汉阳史,其人非医,而前有章璆序,谓其生长名家,畜良方甚富。千田氏亦谓试之刀圭,屡获奇效云。陈造《江湖长翁集》谓是书撰集凡十九年而成,盖亦非苟焉而已。全书凡三十一门,为方千余,《曝书亭集》有此书跋,谓《书录解题》载此书三十卷,《宋志》作二十八卷,而其所藏本止二十卷,与千田氏所刻同。**王硕《易简方》一卷**、此书中国亦佚,予所见者为日本文化十三年和气惟亨校刻本。硕字德肤,书中往往引用《局方》,又引用

《三因玄兔煎》,则在此二书之后,《自序》谓取常用之方,可以外候用者,详著大义于篇,以治仓卒之病,易疗之疾,轻者自愈,重者亦可借此以待招医云云,盖为不知医者而设。施发《续易简方论》六卷,发字政卿,永嘉人,以攻王硕《易简方》不待识脉明证之非,《自序》谓与德肤早岁有半面之好,以人命所关,不容缄默云云,则与硕同时人。其今已亡佚者,尚不在此数。迄于元代,此风未沫,其书之传于今者,有萨理弥实《瑞竹堂经验方》五卷、四库馆从《大典》辑出,《四库提要》谓,萨理弥实当作沙图穆苏。危亦林《世医得效方》二十卷,危亦林,字达斋,南丰人,积其高祖以下五代所藏医方而成,所载古方甚多。而明周定王朱橚之《普济方》起而集其大成。《普济方》四百二十六卷,凡千九百六十论,二千一百七十五类,七百七十八法,六万一千七百三十九方,二百二十九图,自古经方无更该备于是者,惜除《四库》所存外,未见刻本也。惟第三十一卷眼科五百八十八方有单行刻本,见《冷庐医话》。明藩王多好方书者。又有《医方选要》十卷,为蜀献王侍医周文采所辑,《鲁府秘方》四卷为鲁王府侍医刘应泰所辑;周定王又有《救荒本草》四卷。盖搜辑医方之风起于唐而盛于北宋,其流风余韵,迄明清犹未艾也。

九、宋代医学新说之兴起

中国医学，至宋而新说肇兴，非得已也。天下之物莫不有理，必得其理，然后可以应用于无穷。古代专门授受之医学，魏晋而后既已寖失其传，其为后人所辑存者，皆不免于残阙不具。夫古代之医学即使书存于今，其理亦未必可据，况其所存者又皆残阙不具之说乎？然学术之真必存于事物，后世解剖之学既已绝迹，偶有其事，不得云学，见后。形下之学又日湮晦，欲明医理，果何所据以资推求哉？于是冥心探索，而其说转遁入于虚无，而五运六气之说兴矣。

五运六气之说非后世医家所臆造也，而缪仲淳名希雍。极攻之。其言曰："五运六气之说，其起于汉魏之后乎。张仲景汉末人，其书不载也；华元化三国人，其书亦不载也。前之则越人无其文，后之则叔和鲜其说。今之医者，学无原本，侈口而谈，动云五运六气，将以施之治病，譬犹指算法之精微，谓事物之实，岂有不误哉！"其言卓然不惑，可谓豪杰之士。然以五行配五藏，今、古文家皆有之。今文家说同《素问》，古文家则曰：脾木也，肺火也，心土也，肝金也，肾水也。六气之说，亦明见《左氏》，安得尽指为虚诬？盖中国自西周以前，本为阴阳五行之世界，东周以后，其说渐破，至汉遂成强弩之末。魏晋而降，玄学大兴，其说摧陷廓清殆尽矣。夫在古代，礼乐兵刑，政教之形质也，阴阳五行，政教之魂神也，然后世儒者，多言礼乐兵刑而罕谈阴阳五行者,何也? 以人心变动,恒先乎事物,欧人新婚之后,夫妇相偕出游,乃野蛮之世,掠夺得妇,以备女党之反攻。今掠夺得妇之风俗久变,而新婚后夫妇相偕出游之风仍在,其一例也。阴阳五行之说不复足以范围后世之人心故也。医家则何以异此? 张仲景之《伤寒》,自言撰用五行大论。见《论集》。而《素问》一书,魏晋后医家亦皆诵习勿替,然卒不言五运六气之说者,明堂之图,针灸之法,本草之经,脉学之诀,犹儒家之有礼乐兵刑;五运六气之论,犹儒家之有阴阳五行也,然当解剖之学既已废绝,形下之学又日湮晦之时,而欲求一说焉,足以包括一切,则舍五运六气之论固莫属矣。

医家新说,盛于金、元而实起于北宋。有刘温舒者,始撰《素问入式运气论奥》二卷,而以《内经素问遗篇》附刊其后,是为言运气者之始。沈括之徒深信之。又有寇宗奭者,撰《本草衍义》二十卷,始论及运气,前此所未有也。及刘河间出,刘完素,字守真,河间人,事迹具《金史·方技传》。而新说大盛。河间撰《素问玄机原病式》一卷,阐明六气皆从火化之理;又撰《宣明论方》三卷,其用药多主寒凉,始与《局方》立异。案今本《河间六书》,乃明吴勉学所辑,凡《原病式》一卷、《宣明论方》十五卷、《病机气宜保命集》三卷、《伤寒医鉴》一卷、《伤寒直格方》三卷、《伤寒标本心法类萃》二卷、《伤寒心要》一卷、《伤寒心镜》一卷。去《保命集》为张元素所撰,《医鉴》马宗素撰,《心要》镏(镏)洪撰,《心镜》常德撰,实止四种,而《宣明论方》自序云三卷,今乃得十五卷,《标本》《直格》亦多窜乱,《四库书目》谓其竟出依托,勉学谬不至此。疑后来坊贾所为。又《三消论》一卷,相传为河间书,周澂之有评注本。自是以后,《宣明论方》行于北,《局方》行于南,俨然成对峙之势焉。河间之学再传而为罗知悌,由知悌传诸丹溪,朱震亨,字彦修,元婺州义乌丹溪人,人称丹溪翁。大倡古方不可治今病之论,谓欲起度量,立规矩,称权衡,必于《素》、《难》诸经。见戴良《九灵山房集·丹溪翁传》。其所撰《局方发挥》,力辟温燥之弊,始明目张胆以与《局方》为难。其论治以补阴为宗,虽曰自创一家,实则承河间而渐变者也。丹溪之书,凡《格致余论》一卷,《局方发挥》一卷,《金匮钩玄》三卷,皆有通行本。其《治法心要》八卷,《医要》一卷,《脉因证治》四卷,传本较少,周澂之与《金匮钩玄》同刻入《医学丛书》中。又《脉诀指掌病式图说》一卷,《医学发明》一卷,《活法机要》一卷,惟《古今医统》中有之。与丹溪同宗河间者,有张子和,张子和,名从正,号戴人,金睢州考城人。所著《儒门事亲》,多以攻伐为宗。传丹溪之学者,有明戴原礼,尝著《推求师意》二卷,以阐丹溪之学。原礼之学传诸祁门汪机,所著《石山医案》,亦皆以丹溪为宗。机,字省之。此书凡三卷,实机弟子陈桷所编。桷字惟宜,亦祁门人,坊刻《石山》八种,于此书外,又有《素门钞》三卷、《运气易览》二卷、《外科埋例》六卷、《痘治理辨》一卷、《针灸问对》二卷,皆机作。其《脉诀刊误》二卷,实戴启宗之书,《推求师意》二卷,则机所辑戴原礼之书也。而浙中之同时景从者,又有虞抟,有王纶,亦丹溪一派之学也。纶所撰《明医杂著》,主寒凉最甚。

　　少后于河间而崛起于北方者有张洁古,张元素,字洁古,金易州人。李濂《医史》载洁古尝为河间疗伤寒,然其学非出自河间者也。所著《珍珠囊》三卷,始创引经报使之说,而用药之法一变。又有《藏府标本药式》一卷,在医学指归及周澂之《医学丛书》中。其学传诸东垣,李杲,字明之,自号东垣老人,金真定人。倡土为万物母之说,独重脾胃,著《内外伤辨惑论》《脾胃论》《兰室秘藏》各三卷,俗传《东垣十书》,又此三书外,又增入崔真人《脉诀》一卷,云杲所评。崔真人即道士崔嘉彦,号紫虚真人。此外则为朱震亨《格致余论》《局方发挥》、王履之《医经溯洄集》、齐德之《外科精义》、王好古之《汤液本草》《此事难知》。王好古,字进之,号海藏,元赵州人。极论寒凉峻利之害,实于河间、丹溪外别树一帜。其所著《用药法象》,亦主阴阳升降浮沉之说,与洁古同。自制诸方,动至一二十味,而古来经方之面目亦大变矣。东垣入室弟子曰王海藏,亦尝受业洁古。著《汤液本草》三卷,大倡东垣、洁古之绪论,又著《医垒元戎》

十二卷,《此事难知》三卷、《阴证略例》一卷。东垣治伤寒之书已不可见,书名《伤寒会要》,《元遗山集》中有其序。其法实当于此书求之。其晚年高弟为罗天益,尝承师命作《内经类编》一书,书不传,序见刘因《静修集》中。实居张景岳《类经》之先,盖举一切治病用药之法,而悉归本于《内经》,实至东垣而大成其说也。

　　继东垣而起者为景岳。张介宾,字会卿,号景岳,明山阴人。景岳之学,既攻河间、丹溪,亦攻东垣。东垣曰相火为元气之贼,景岳则云相火为元气之本,一以补阳为主。后来医家不分内伤外感,动云补正即所以去邪,实景岳有以开之。又时引《易》理以言医,校之但言运气者尤为诞谩,然所著《景岳全书》,网罗各科,僭称谟典,几有包括一切之概,医家之崇奉其说者颇多。《景岳全书》曰《传忠录》,曰《脉神章》,曰《伤寒典》,曰《杂证谟》,曰《妇人规》,曰《小儿则》,曰《痘证诠》,曰《外科钤》,曰《本草正》,曰《新方八陈》,曰《古方八陈》,曰《妇人小儿痘疹外科方》,凡六十四卷。

十、明代医家之成就

　　明代医家有网罗各科之概者，无如薛立斋。薛立斋，名己，吴县人。立斋本世为太医，其治法不免貌似中庸而实流于乡愿，徐灵胎以其用药偏于刚燥，遂与景岳连类而同讥，其实非也。观其十三科一理贯之之论，外感遵仲景、内伤宗东垣、热病用河间、杂病主丹溪之说，则原欲奄有众长，特志有余而才识俱不足，遂不免流为乡愿耳。世所行《薛氏医案》，于十三科之学，几于靡所不包。正骨一科，前此传书极少，薛氏书中独有之，清修《医宗金鉴》，伤科之书，即取于是，其功亦不可没也。《薛氏医案》凡七十八卷，其自著者为《外科枢要》四卷、《原机启微》三卷、《内科摘要》二卷、《女科撮要》二卷、《疠疡机要》三卷、《正体类要》二卷、《保婴粹要》一卷、《口齿类要》一卷、《保婴金镜录》一卷，订正前人之书为陈自明《妇人良方》二十四卷、不著撰人《外科精要》三卷、王纶《明医杂著》六卷、钱乙《小儿真诀》四卷、陈文中《小儿痘疹方》一卷、杜本《伤寒金镜录》一卷、立斋父铠《保婴揆要》二十卷。

　　薛氏之流失为赵献可一脉。《医贯》一书，几欲以八味六味二丸统治天下之病。徐灵胎著《医贯砭》痛斥之。宗赵氏之学者，在清有高鼓峰、董废翁、吕晚村。高氏《医宗己任编》中，《四明心法》一篇，于八味、六味二方，论列最详，读之可见此派宗旨之所在。晚村《东庄医案》一卷，凡五十八案，无一案不用人参、地黄者，可谓奇谈。废翁有《西塘感证》三卷，其治法亦宗高、吕二家。此三书有光绪十七年旌德王汝谦补注合刻本。

明末诸家中，虽无特见而大体平正不颇者，当推李士材。《松江府志》列士材所著书，凡数十种。《江南通志》则惟载《伤寒括要》《内经知要》《本草通玄》《医宗必读》《颐生微论》五种。今行世者，此五种外，亦惟士材三书中之《诊家正眼》《病机沙篆》两种而已。其一为《本草通玄》。疑《松江志》之言，不尽实也。诸书中，《医宗必读》通行尤广，颇平易，有裨初学。惟以诸血证尽入虚痨门，诒误亦颇巨。凡士材书原非尽出自撰也。士材之学，一传为沈朗仲，再传为马元仪，三传为尤在泾。《病机汇论》十八卷，本朗仲所辑，而元仪晚年与在泾参订成之。凡分六十门，首脉、次因、次证、次治，辑前贤方论，皆终于士材，实士材一派之学最完全之书也。元仪印《机草》一卷，附此书后。

有明诸家中，体大思精者，当推王肯堂。王肯堂，字宇泰，金坛人。肯堂著《证治准绳》百二十卷，采摭繁富，而条理分明，《四库提要》称其博而不杂，良不诬也。清初张石顽著《医通》十六卷，门类先后，一本此书，其方药则多采立斋、景岳两家。《医通》无伤寒门，以别有《缵论》《绪论》二书也。

十一、宋以后对古医书之注释订补与发挥

　　宋学末流之弊，在于偏重理想，遂致凭臆见以进退古人，所谓六经皆我注脚，实其致误之原也。夫为学之道，一本散为万殊，万殊归于一本，孔子所谓一以贯之，孟子所谓博学而详说之，将以反说约也。名家归内演绎二法，实即此理。宋学之兴，原因汉唐儒者，过于泥古而不复能推求其所以然，以致穷而思变，故其为学之法，莫不偏重于演绎。夫推论事物，必有其所凭之理，犹几何学之有公理也，本公理以释题，义其所据之理不误，而后其所释之题不误。语不云乎：差之毫厘，缪以千里。宋学之始，虽或偏重空想，然其所执之理，固犹从推求事物而得，虽有差缪，不至甚大也。及其后来，乃不复推求事物，而惟执宋儒所说之理以为理，即就此理推衍之，以得其所谓理者，更执此推衍所得之理，以为推衍之资，而其差缪有不可胜穷者矣。宋学末流之横决，弊实由此。我国古代专门授受之医学，魏晋而后，统绪久亡。自宋以后之医学，实由医家以意推阐得之，其人多本治儒学，即非儒家，亦不能无囿于风气，遂移儒者治经谈道之说以施之于医，而其纷纭不可究诘矣。

　　唐以前之医家，所重者术而已。虽亦言理，理实非其所重也。宋以后之医家，乃以术为不足恃，而必推求其理，此自宋以后医家之长，然其所谓理者，则五运六气之空理而已，非能于事物之理，有所

真知灼见也。惟重术，故其所依托者，为专门授受之大师，而不必谬托于神灵首出之人以为重。如孙真人时，江南诸师所秘要方，皆云出自仲景是也。又如前所载王勃《难经序》，虽亦溯其源于黄帝、汤、文，然其意在自诩其授受之有本，与宋儒之所谓道统，自谓遥接二帝、三王及周、孔之心传者不同。惟重理，乃以儒家所谓道统者，移而用之于医家，于是神农、黄帝，犹儒家之有二帝、三王，元化、仲景，犹儒家之有周公、孔子矣，于是言医者必高语黄、农，侈谈《灵》《素》，舍是几不足与于知医之列矣。率是道而行之，其第一步必以己意注释古书而蔑弃前此专家相传之说，其第二步必且以己意窜改古书，或删其衍，或补其亡，或移易其篇第矣。此风也，其在儒家开于宋而横决于金、元，医家亦然。

《素问》非古代医家之金科玉律也。仲景《伤寒》自言撰用《素问》，而书中曾未引及《素问》一语，可见知证脉方药，医家自有真传，如《素问》之驰骛玄谈者，不过借资参证耳。自宋以后，言《素问》者始渐多，明以来，乃更奉为天经地义，而又益之以《灵枢》。元吕复著《群经古方论》尚不信《灵枢》为古书。其从事于注释者，则有马莳之《素问证注（注证）发微》、张志聪之《素问集注》、高士宗之《素问直解》。其分类纂辑者，则有滑伯仁之《素问钞》、此书采王《注》甚略。明丁瓒有《素问钞补正》十二卷、汪机有《续素问钞》九卷，皆多采王《注》以补之。张景岳之《类经》。清虞庠有《类经纂要》三卷，王廷俊为之注。廷俊弟子陈滋和刻之浙江。庠字西斋，归安人；廷俊字寿芝，成都人。滋和，繁江人，为浙江连市巡检。而其言错简者，则始于黄坤载。坤载著《素问悬解》，谓本病论实在玉机真藏论中，刺法（忘）论误入诊要经中论，刺法论误入通评虚实论，又谓经络论乃脾（皮）部论之后半篇，脾（皮）部论乃十二正经经络论之正文。悉取以补阙，仍还八十一篇之旧。其注《灵枢》，亦动以错简为言，可谓勇于自信者矣。然《素》《灵》二书实皆有讹乱，《灵枢》尤难读。诸家之言《素问》者孔多，而能治《灵枢》者卒无其人也。《素》《灵》二书互相复重，又有自相矛盾者。汪昂《素〔问〕灵〔枢〕类纂约注》，以《素问》为主。沈又彭《医经读》分平病诊治四门，就二书去其矛盾，而存其可信者，颇合盖阙之义。自明以来，《素》《灵》二书，成为医家之圣经贤传，凡著书者，几无不节钞二书，以冠其首，单行之节本尤多，皆不足语于著述也。

黄坤载可谓医家中言错简之一大家也。前世治《难经》者，吴有太医令吕广、歙县尉杨玄操，宋有丁德用、虞庶、周与权、字仲立。王宗正，字诚叔。金有纪天锡、字齐仲。张元素，元有袁坤厚、字淳甫。谢缙孙、字坚白。陈瑞孙，字廷芝。皆仅散见于滑伯仁《难经本义》中。周学海又有增辑本，仍以滑氏书为主，名《增辑难经本义》。伯仁而后，注释者亦有数家，如张世贤之《图注难经》等。皆因袭旧文，无所心得，等诸市郐。今言《难经》，当以滑氏书为古义之渊薮矣。坤载著《难经悬解》，始亦谓旧本有讹，多所更定，仍其治《内经》之故智也。其后徐灵胎著《难经经解（释）》，又援《内经》以攻《内经》，其实《内》《难》同为专家相传之书，未必《内经》果出岐、黄，为天经地义而不可变，徐氏必是彼而非此，亦未免依傍门户之见也。又有丁锦者，字履中，号适庐老人。乾隆间松江人，尝著《古本难经阐注》二卷，《自序》谓游于武昌，客参政朱公所，得读古本《难经》，以校今本，误者有三十余条，因而为之阐注云云。丁氏所见之本岂能古于滑伯仁？则亦明人之意为窜乱者耳。

诸古书中，诸家言错简最甚者，尤莫如《伤寒》。案"伤寒"二字，古有二义，一为外感之总称，一则专指外感中之伤于寒者。《难经》五十八难。云：伤寒有五，有中风，有伤寒，有湿温，有热病，有温病。伤寒有五之伤寒，指总称外感之伤寒，有伤寒之伤寒，指外感中之伤于寒者言也。《外台》许仁则论天行病，谓此病方家呼为伤寒，亦指总称外感之伤寒言之。《外台》所集论伤寒者凡八家：仲景、叔和、华佗、陈廪丘、范汪、《小品》、《千金》、《经心录》，惟仲景有专书传世。仲景之书十六卷,论伤寒者居其十,此十卷之盛行,又远非《论杂病》之六卷所及,盖天行之病,传染广而死亡多,其危险远非杂病比也。夫天行之病变化万端,原无从执古方以治今病,况古代诸家存者惟一仲景,而其书又窜乱讹夺不尽可据乎!其有待于后人之张皇补苴固不待论矣。故自宋而后,论伤寒之书亦独多。成氏《明理论》成无己,著《伤寒明理论》三卷。而外,其著称者,有若庞安时之《伤寒总病论》,许叔微之《伤寒发微论》《百证歌》,朱肱之《南阳活人书》,韩祗和之《伤寒微旨》,杨士瀛之《伤寒活人总括》,郭雍之《伤寒补亡论》,或阐其义,或补其方,于仲景书原不尽主墨守,即明代支离灭裂如陶节庵,《节庵六书》,曰《明理续论》,曰《截江网》,曰《一提金》,曰《杀车槌法》,曰《家秘的本》,曰《琐言》,皆倨规越矩,毫无师法。又有《伤寒全生集》四卷,乃其晚年作以教子者,时为正统十年,节庵年七十七矣。亦未尝以错简为言,乃自方仲行著《伤寒论条辨》八卷后,方仲行,名有执,歙县人。而喻嘉言之《尚论篇》八卷继之,喻嘉言,名昌,南昌人。始谓叔和编次,于原书次第已改移,无己作注,又多窜乱,遂各以己意更定。方氏为言伤寒论错简者之首。而自喻氏书成,而方氏之书渐微。康熙甲寅,顺天林起龙为重刻之,并痛诋喻氏之攘善,然喻书实未尝全袭方氏,其书中亦未尝不及方氏,初未尝掠为己有也。后郑重光又有《伤寒论条辨续注》之作,据方氏书参以喻氏及黄坤载、程郊倩二家,仍题仲行之名。喻氏书有论无方,其徒徐忠可为补之。徐氏之学传诸南昌罗子尚,罗以传进贤舒驰远。成再重订《伤寒论集注》十卷,一以喻书为主,而以徐方附之。自是以后,此风大扇。张路玉则有《伤寒缵论》及《绪论》,黄坤载则有《伤寒悬解》,吴仪洛则有《伤寒分经》,言伤寒错简者,当以黄氏为最有心得,张、吴二书多以喻氏为据。周禹载则有《伤寒论》三注,兼采方、喻。程郊倩则有《伤寒论后条辨》,攻叔和序例最烈,其文字支离蔓衍,几于游骑无归。昔人讥其学金圣叹未得,为医中魔道,诚不诬也。章虚谷则有《伤寒论本旨》,依喻氏分篇。无不以错简为言,其说亦不为无见,然以此论医理,则可谓各抒所得;以此治古书,则未免凭虚臆断。此皆由中国学者崇古之念过深,凡立一说,必欲托之于古人,于古书之不尽可通者,遂不惜曲为穿凿也。徐灵胎云:叔和所次,诚不敢谓其必合于仲景;诸家所定,谓必能复仲景之旧,又有何证乎? 诚持平之论也。徐灵胎,名大椿,号回溪,吴江人。灵胎有《伤寒类方》一卷,谓《伤寒论》原非依经立方,乃救误之书,当时随证立方,本无定序,削除阴阳六经门目,但使方以类从,症随方证,使人可案证以求方,而不必循经以求证。亦为通达之论。

　　伤寒与温热、温疫之别,尤为医家所聚讼。盖"伤寒"二字,古人既以为天行病之总名,则其所包者广,原不仅指《难经》所列五种中之第二种,乃自后世医者,泥于字面,一遇天行之病,辄以辛温之剂治之,于是阳明成温之证,见杀于桂麻等方者多矣,此一误也。疫字之义,指病之传染者而言,故《说文》云:疫,民皆病也。至其证,则有寒有热,苟或传染,热者为疫,寒者亦为疫,至后世之所谓瘟,其字为温之俗,其义则与疫相同,皆指病之传染者言,非指病之不寒者言也,乃世医又泥于字面,偶遇不寒之疫,遂谓凡疫皆温。本虑医者以辛温之剂误施之温热,转致末流泥温疫之论不敢复言伤寒,执一定之方以驭万变之病,圣散子之杀人,正由于此,此二误也。有此二误,而伤寒、温热、温疫三者之争,遂如长夜不旦矣。而推其始,则实由"伤寒""温疫"等字字义之混淆有以致之。立名之不可不审也如是夫!

　　温热治法始自河间。世所传《直格》《标本》二书,见前。虽未必真出河间手,然实为河间绪论;自是之后,马宗素有《伤寒医鉴》《伤寒钤法》,镏洪有《伤寒心要》,常德有《伤寒心镜》,今皆在《河间六书》中,亦见前。皆此一派之学,世遂有外感宗仲景,热病用河间之论,歧温热于伤寒之外矣;至吴又可出而其说又一变。吴又可,名有性,震泽人。又可于崇祯辛巳,躬遇南北直隶及山东、浙江大疫,以伤寒法治之不效,乃殚精研究,著《瘟疫论》二卷、《补遗》一卷,谓世所称温病,即属瘟疫,古无瘟字,后世以温去水加疒为之。又谓数有温证之中,乃偶有一阴寒;数百伤寒之中,乃偶有一阴证。其说未免矫枉过直,虽其指摘俗医之误治,不无可取,然误以瘟、温为同义,遂使世之医者,并温热与瘟疫为一谈,则又可为之也。至清代江浙诸名家出而其说又一变。天行之病,变态万端,断不能仅执俗医治外感之法治之,此义至《瘟疫论》出始大明,故又可书虽不免有误,而其功究不小。清孔毓礼有评注本,洪天锡又有补注。毓礼字以立,黎水人。天锡字吉人,嘉兴人。

有清中叶,医家于温热治法,最所殚心。其论实起自吴中而托之于天士及生白。以江南病温热者最多也。叶天士,名桂,字香岩,吴县人。薛生白,名雪,号一瓢,苏州人,与叶天士齐名。世所传《温证论治》,首刻于唐笠三(山)《吴医汇讲》中,见后。原序谓叶氏弟子顾景文,侍叶氏游洞庭山,舟中记叶氏所说,未暇修饰,今更为之条达字句,移缀前后云云。华岫云《续临证指南》,亦首列是编,名为《温热论》。二书辞句虽异,而用意大同,以“温邪上受,首先犯肺,逆传心胞”十二字为主。吴鞠通撰《温病条辨》,为论温热证有专书之始,其旨实本于此。又有所谓《湿热条辨》者,首刊于舒松摩《医师秘笈》中,凡三十五条,谓为薛生白作。江白仙刻陈平伯论疫之语,亦取其二十五条附列于后,而又别增出十五条,其编次亦与舒氏所刻互异。吴子音刻《医效秘传》,又取江氏所刻陈薛二人之作附后,名为《温热赘言》,概题为平湖陆增字秋山者所撰。江刻陈氏之作,皆自称名曰祖恭,吴刻皆改作予。王孟英《温热经纬》所刻,云得之友人顾听泉,听泉得之吴人陈竹垞,则凡四十六条,与吴氏所刻又异。《临证指南》之不足信,人人知之。薛生白曾孙启字东来。自述其先世事迹,亦谓生白不屑以医见,故无成书,见《吴医汇讲》。则所谓《湿热条辨》者,必非出于生白,更无疑义。然此两种议论,当时颇为风行。章虚谷作《伤寒论本

旨》,谓仲景论伏气温热,而不及外感。叶氏之论足以补仲景之残
阙,示后学以津梁。至暑邪由火湿合化,客于膜原,叶氏亦未论及,
乃取所谓《温证论治》《湿热条辨》附于《伤寒论》之后,以为施治之
准。迨王孟英出,乃尽取《温证论治》及《临证指南》之《幼科》一卷,
暨《湿热条辨》及陈平伯、余师愚诸家之论,附诸《内经》及仲景书之
后,以成《温热经纬》,盖当时江浙医家治感证之法,至此而集其大成
矣。周扬俊《温热暑疫全书》四卷,与章、王二氏之论相出入。余师愚书名《疫
疹一得》,专用大剂石膏为治热疫之法。《阅微草堂笔记》载治京师大疫之桐城
医士,即师愚也。

　　方此等议论盛行时,叶派可谓光焰万丈,而反对之论亦即起于
是时,则王朴庄其先河也。朴庄名丙,吴人,与顾景文同时,尝撰《伤
寒论注》,一依《千金翼方》,谓例中诸条,多采入《千金方》第三十卷
中。当时江南诸师,秘仲景要方不传。孙真人盖未见《伤寒》全论,
迨作《翼方》时,乃得全论编次,以例已见于《千金方》中,故不复载
也。又撰《伤寒论附余》《伤寒例新注》《读伤寒论心法》《回澜说》等
书,皆在《世补斋医书》中。以伸叔和,辟方、喻,然其说未盛也;至朴庄
外孙陆九芝乃大畅其说,谓温热、伤寒方论,实皆在《伤寒论》中。病
之中于太阳者为伤寒,治用辛温;入于阳明者为温热,治用辛凉;太
阳证之失于温散,内传而成温热者治同。仲景书中本以桂、麻治风
寒,葛根、芩、莲治温热也。至疫则有热有寒,各当随证施治,又不当
与温热混,《世补斋医书》反复此旨,不啻至再至三;又以阳明为温热
之薮,特著《伤寒论阳明病释》一卷,以发挥之。盖"伤寒"二字,义有
广狭及其与温热、温疫之辨,实至九芝而后了然,亦可谓卓然不惑于
流俗者矣。

　　九芝之学近承王朴庄,远实导源于尤在泾。尤氏《伤寒论贯珠
集》谓少、厥二经,实有温、清两法,九芝乃本此推之六经也。戴北山

《广温疫论》，就吴又可书增删改削以成之，于温热治法颇精。陆氏谓"温热""温疫"二名，不容混淆，重订其书，改名曰《广温热论》，以为治温热之式。戴氏书初仅钞本流传，歙县有郑奠一者，亦知医，其后人误以此书为奠一作，刻之，名《温疫明辨》，题奠一之名，至戴氏之孙乃正之，然《温疫明辨》至今仍有传本。

辨伤寒、温热不容误治者，又有陈锡三名良佐，山阴人。之《二分晰义》、杨栗山名璿，成都人。之《寒温条辨》、吕心斋之《瘟疫条辨摘要》乃合此二书而成。心斋名田，河南新安人。秦皇士名之桢，松江人。之《伤寒大白》、吴坤安名贞，湖州人。之《伤寒指掌》。杨氏之书实以陈素中名尧道，陕西人。之《伤寒辨证》为蓝本。陈氏书成于康熙戊午，至嘉庆十一年，有刘镜浦者，乃为刻之。杨氏书成于乾隆甲辰时，陈书当未有刻本也。陆九芝以杨氏所定十五方无一不暗用伤寒方，而又切戒人"勿用伤寒方"为可怪；又讥秦氏谓仲景桂、麻方乃治河北、长沙北方冬月之病，几于不辨南北。覆勘诚然，然二书亦自有可采处，不容一笔抹杀也。吴氏书条理亦颇清晰。明皇甫中有《伤寒指掌》四卷，乃陶节庵一派之学，与吴书名同而实大异。

羽翼仲景书者，又有清张隐庵之《伤寒论集注》，与成氏立异处甚多。长洲汪苓友名琥，康熙时人。有《伤寒论辨证广注》十卷、《张仲景中寒论辨证广注》三卷，于仲景书外兼采后贤方论，皆为之注，云辨证者，辨其原文所言之证，使各以类相从；广者，于仲景书外广其方论；注则不分仲景书及所广，皆为之注。虽不甚合注释体裁而采摭甚博。泾县包兴言名诚。有《伤寒审证表》一卷，颇清晰可览。兴言少游山左，受学于张宛邻，宜其著述之有体例也。柯韵伯《伤寒论翼》谓伤寒论中，杂病未去者尚多，六经为百病主治，伤寒为百病之首，故借此以立法，其实伤寒、杂病治无二法也。尤为卓见。论辨证者，又有张飞畴之《伤寒兼证析义》，亦宜一览。

　　《金匮》一书，治者远较《伤寒》为少。宋元人皆无注释。明初赵以德乃有《衍义》之作。其书传本甚少，故《四库》著录，惟得徐忠可所注。然徐书实敷衍无精义，不及赵书之尚有发明；后周杨俊得赵氏书，补其所未备，成二注二十二卷，较徐书远胜矣。黄坤载有《金匮悬解》，程云来有《金匮要略直解》，魏念庭名荔彤。有《金匮要略方论本义》，亦均可读，尤在泾《金匮心典》，条理尤精。

十二、明清本草之学与方书

　　自陶隐居迄唐慎微,凡修辑本草者,皆以古代所传《本草经》为蓝本,已见前,其毅然网罗今古,自成一书者,实始于明李时珍之《本草纲目》。李时珍,字东璧,蕲州人。《纲目》凡十六部,六十二类,千八百八十二种,诸家所有者,千五百十八种,其三百六十四种为时珍所补。与周定王朱橚之《普济方》实卓然两巨著也,自此书出而《证类本草》遂微。

　　此外明清人论本草之书,可分为二派:一宗宋以来洁古、海藏、东垣、丹溪诸家之说,在当时可称旧派,若刘若金之《本草述》、杨时泰《本草述钩玄》系就此书删节。倪纯宇之《本草汇言》,其选也;一以复古为主,唾弃宋后诸家之论,在当时可称新派,若缪仲淳之《神农本草经疏》、此书凡三十卷,其次序一依《证类本草》。清吴怀祖节为八卷,名《神农本草经疏辑要》,然亦有缪氏所无而吴氏补之者。吴氏名世铠,亦常熟人。仲淳又有《先醒斋广笔记》四卷,亦论方药之作。卢之颐之《本草乘雅半偈》、张路玉名璐。之《本经逢原》、张隐庵名志聪。之《本草崇原》、徐灵胎名大椿。之《神农本草经百种录》、邹润安之《本经疏证》,此书与缪氏书最精博。其选也。其主于简易,备初学之用者,以汪仞庵之《本草备要》通行为最广,吴遵程之《本草从新》又以汪书为蓝本。

　　李氏《纲目》之后,能搜遗补阙以匡其所不逮者,莫如赵恕轩名学敏。之《本草纲目拾遗》十卷。此书之意以完备为主，故凡《纲目》所已载而治疗未备、根实未详者，仍为补入。其《纲目》所未载者，虽珍贵罕见之物，亦无所遗。《纲目》之仅列其名而无主治者，亦悉录入。《纲目》分部之误者，并为订正，惟人部无所增。例言谓苟欲求遗，必至于隐怪残贼中搜罗也。案恕轩《利济十二种序》，此书之外，又有《百草镜》八卷、专详草药。凡草药之曾经试验者入《拾遗》，其未经试验者入此书。《救生苦海》百卷、《医林集腋》十六卷、《养素园传信方》六卷、以上两种为验方。《咒由录验》四卷、《囊露集》四卷、眼科方。《串雅》八卷、见后。《升降秘要》二卷、《药性玄解》四卷、药性之奇制者。《奇药备考》四卷、《本草话》三十二卷、《花药小名录》四卷、《摄生闲览》四卷。《拾遗》例言谓他日拟作《待用本草》，将宇宙间可入药之物，未经前人收采者，合为一书。可谓洋洋大观。今除《拾遗》及《串雅》外，均未见传本，或疑其书本未成，然要为晚近一大家也。

以本草作为韵语以便诵读者，有黄钰之《本经便读》。又吴县朱东樵、名钥。钱塘陆典三名文谟。皆有《本草诗》，而陆较胜。见《冷庐医话》。南汇徐玉台名镛。有《儒门游艺》三卷，上详脉病，中详方，下详药，皆作七言绝句，亦颇简要，惜无注，不易晓。

明清间人方书不及前人之浩博，而立意求精则过之。其推求古人制方之意者，始于吴鹤皋名昆。之《医方考》六卷，而汪𫜘庵名昂。之《医方集解》二十一卷继之。吴遵程名仪洛。之《成方切用》二十六卷，则又继汪书而起者也。二书皆以切用为主，故所辑多常用之方。武进费晋卿名伯雄。有《医方论》四卷，以乡曲医家多奉《医方集解》为枕中秘，而不复深求其所以然，乃为之逐一论列其可用不可用，实市医之当头棒喝也。王晋三名子接，长洲人。《绛雪园古方选注》三卷，论列亦精。许宏《金镜内台方议》专发明长沙之方，亦为别开生面。便于检用之书则有祝补斋《卫生鸿宝》、毛达可名世洪，杭州人。

《养生经验合集》、《济世养生》、《便易经验》二集之合。王孟英《潜斋简效方》、简易外治之法。《四科简效方》、邱式金《集验良方拔萃》，此书详于外科，内科较略。皆有名。鲍相璈《验方新编》通行颇广而选择不精。

《本草纲目》一书包蕴宏富，且多存今日已亡之书，至为可宝，即专辑其中之一类，亦足拔载自成一队也。以予所见，专辑其中之医方者，则有蔡列先《本草万方针线》、曹鞠庵 名绳彦，新建人。《万方类编》、宋枳田 名穆，山阴人。《万方类纂》三书。蔡氏仅就《纲目》所载诸方为编一目录，注明某病用某方，见某卷某篇；曹氏则将《本草》诸方分类编辑，二书分部互异。蔡书分七部，百有四门，凡载千五百余方；曹书分百有七门，四千三百七十九证，凡载万一千七百一十三方。曹氏自谓因蔡氏书删复补遗，宋氏则谓其所分门类，不及蔡氏之清晰，乃照针线门类，将本草各方全行录出云。又有《解素编》一卷，题海阳竹林人编，专就李氏《纲目》中摘出其解毒之法，间亦附以闻见所得，亦颇便省览。

十三、宋以后针灸学派

　　后世针灸之书亦当分为二派：一为专家所传，其人皆草泽铃医之流，此以其学派言，其人虽为医官，其学仍属此派。如宋窦汉卿之《针经指南》，元王国瑞之《扁鹊神应针灸玉龙经》，明陈会、刘瑾之《神应经》，《四库书目》不知会、瑾为何许人，以其前载宗派图，并著其始传者席弘达誓词，指为道家野谈，然据他书所载，会与瑾皆江西人，会先著《广爱书》十二卷，广其浩瀚，乃独取一百一十九穴以成此书，为学者守约之规，而瑾为之校正，盖皆针灸专家也。杨继洲之《玄机秘要》是也；一为世所称为儒医者所辑，若元滑伯仁之《十四经发挥》，明高梅孤名武。之《针灸节要》《针灸聚英》，汪石山人即汪机。之《针灸问对》是也。滑氏传针法于东平高洞阳，其学当有所受。《节要》专取《难经》及《灵》《素》，《聚英》则取《千金》《外台》以后，皆据故书纂辑耳。《针灸问对》辞旨极明畅，而其学亦无所受，周澂之所谓强不知以为知者也。大抵专家所传者，其辞旨多不雅驯，其说考诸古书，或不能尽合，然其受授具有源流，虽亦不免传讹，要为一字皆宝。儒医所辑者，其书多明白易晓，具有条理。然其学既无所受之，试问古书之异同，凭何折证，恐不免意为去取矣。《针灸择日编集》一卷，前有正统十二年金礼蒙序，谓内医院医官护军臣金循义、司直臣金义孙共成是书以进，命臣序之云云。光绪庚寅，上杭罗家杰得之日本，重刻之。

十四、解剖学

解剖之学，或谓我国无之，非也。人身之脏腑经络，苟非解剖，试问何由知之？至其不尽密合者，非由古书岁久传讹，则由古人文义粗略耳。古人言语，于数目方位，往往不甚精密，如《诗》三百五篇，举其大要而言三百篇，即其一证。人之心非在正中，而古书以为在中，亦是当时言语粗略，非必古人不知人心之所位也。凡古书言脏、腑、经络之误皆类此。然则施之于用何以不误？曰：古者图书相辅而行，图之外，且有器，以与图书相证，书虽但存其粗，图与器未尝不精，正因精者必求之于图与器，书遂不妨但举其大要也，观前引《齐东野语》所载宋时铜人可知。人死则可解剖而视之，见于《灵枢·经水篇》。《汉书·王莽传》载莽诛翟义，捕得其党，使太医尚方与巧屠共刳剥之，量度五藏，以竹筳导其脉，知所终始，可以治病。莽最泥古，其所为必有所据。《读书志》载杨介《五藏存真图》，谓崇宁间泗州刑贼于市，郡守李夷行遣医并画工往，亲决膜，摘膏肓曲折图之，尽得纤悉，介以校古书，无少异者。《寅（宾）退录》亦载广西戮欧希范及其党，凡二日，剖五十有六腹。宜州推官灵（吴）简皆详视之，为图以传于世。又《闻见后录》载无为军医张济善用针，得诀于异人，能亲解人而视其经络，因岁饥疫，人相食，凡视一百七十人，以行针，无不立验。又程式尝解剖倭人，见《医彀》。何一阳从军南征，亦尝解剖贼腹，见《赤水玄珠》。清时王清任乘兵乱之际，辗转就积尸考视脏腑，用力尤勤，具见所著《医林改错》中。王氏所制《补阳还五》一方，灭裂无理，陆九芝攻之是也，至并诋其考验死人之脏腑则大非。可见解剖一事，数千年来，原未尝绝迹，特必乘兵荒刑戮之际，而不能公然行之于平时，故能与于其事者太少，遂不能互相考求，日臻精密耳。然古者针灸之术必托始于解剖，断不容疑。今者欲搜求古人之遗绪，亦断不容不致力于此，必不能但求之于故纸堆中也。

十五、宋以后脉诀、舌法与辨证

　　言脉之书,宋以来盛行者,为高阳生《脉诀》。吕复《群经古方论》以高阳生为六朝时人,元谢缙孙《脉经序》谓在熙宁以后,马贵舆《文献通考》则谓在熙宁以前,虽亦臆度之辞,然玩其辞义,当以出于北宋时之说为近。其书大旨隐括脉经而成,而又自立七表、八里、九道之名,与脉经不尽合。宋以来传习者,多误以为王叔和作,以故攻之者极多,然书中并无伪托之据,则误谓出于叔和者,乃习者之传讹,非作者之伪托也。其书自不如《脉经》之古,然亦必自有师承,必视为淫辞邪说之流,亦未免攻之太过。盖自宋元以来,攻此书者甚多,然医家传习,卒莫能废。自李时珍之《濒湖脉学》出而此书之传习始微。《濒湖脉学》所取以弁首者,为宋道士崔嘉彦所撰之《脉诀》,称崔紫虚《脉诀》,亦曰崔真人《脉诀》。紫虚者,嘉彦之号也。实当不如高阳生之书也,医家所以群趋之者,亦不过乐其简易而已。

　　攻高阳生《脉诀》之书,始于元戴同父名启宗,金陵人。之《脉诀刊误》,明汪机为刻之,附以自著之《矫世惑脉论》一卷。吴鹤皋有《脉诊》二卷,亦以攻《脉诀》而作。而清李期叔名延昰,真定人。之《脉诀汇辨》十卷最详,其就其书而订正之者,则有沈镜之《删注脉诀规正》四卷;信其书而为之作注者,则有明张天成之《图注脉诀》四卷。

　　宋元以来言脉者当推滑伯仁为一家,其所著《诊家枢要》,立说甚精；又著《十四经发挥》一书，于十二经外，益以督任二脉，亦于诊家极有裨益。伯仁尝传针法于高洞阳，其学固有所受之也。李时珍《濒湖脉学》虽无甚深义，而简明易晓，与所著《奇经八脉考》，均足便初学循览。二十八脉之说，始于李士材，名中梓。诊家亦多宗之，清代医家之于脉，实不过知此两家耳。周梦觉《三指禅》以缓字为平脉，余脉乃分阴阳对待，亦颇有见。梦觉号小颠，邵阳人，以多病，弃儒业医，好言修炼，其书中亦多杂道家之说，颇伤驳杂。清末周澂之于脉学用力至深，既评注滑伯仁之《诊家枢要》，又自著《脉义简摩》、首部位，次诊法，次形象，次主病，次名论汇编，次妇科诊略，次儿科诊略，皆集前人之说，而以己意阐发之。《脉简补义》、《简摩》推演前人，《补义》则出自撰。《诊家直诀》、抉前二种之精要而简其词。《辨脉平脉章句》四书，又撮此四书之精要而成《重订诊家直诀》。又著《外诊简摩》一种，以备四诊，搜讨之博，研索之勤，宋以后一人而已。林慎庵《四诊抉微》八卷，先列经文，次汇旧说，而以己意附其后，别为一卷，曰《管窥附余》，其书于望、闻、问颇略而于脉较详，亦足以资参考。慎庵名之翰，乌程人。

　　舌法为古人所不详，仅《伤寒论》有舌白苔滑之说。元杜清碧《金镜录》，始推至三十六图，后又有所谓《观舌心法》者，则推至百三十七图。张诞先名登，路玉子。《伤寒舌鉴》，就《心法》删减之，为图凡百二十，然究未免穿凿也。又有所谓《舌鉴辨正》者，乃茂名梁特岩名玉瑜。所传，而秀水陶拙存名葆廉。为之笔录，以蜀中所刊《舌鉴》为蓝本，故名。据陶氏序，谓光绪癸巳，宦新疆，患热证，医家误投滋阴降火之剂，益剧；明年，以友人言，求治于梁氏，梁氏观其舌，决为实热，投以苦寒多剂乃愈。叩其学，则出于家传，以观舌色、舌苔为主。今是书首冠全舌分经图，云得之明李良医秘授，以察五脏病机，遵之数世，确有征验云。其或医家之别传欤。

　　医家多好言脉舌，其实言脉舌尚不如辨证之切。脉舌有游移，证象无假借也。脉舌者,医家所独知,证象者,人人所共见也。故病家之当略知证象,实较医家为尤切,然从来言脉舌者有成书,而言证象者无专著,岂以其为人人所共见而忽之欤?抑以为但知证象,不足以言治欤?以予所见,惟镇海蒋金镛有《临病考证》一卷,分列病证,本之六经,其自序谓治病首在辨证,辨证既明,服药可无虚虚实实之祸;欲使病家先明表里虚实寒热之大纲,亦得以考医之良否,莫若摘述医籍,使可按证而稽云云。书虽浅近,实于病家大有裨益。

十六、明清间诸医学名家

　　明清间诸医卓然自成一家者，当首推黄坤载。坤载所著各书虽亦不免偏激，且自许太过，然其中精辟之论实极多，非貌为中庸者所可及也。坤载所著书，曰《素问悬解》《灵枢悬解》《难经悬解》《伤寒悬解》《伤寒说意》《金匮悬解》《长沙药解》《四圣心源》《四圣悬枢》《玉楸药解》凡十种。其最博大者当推王肯堂。《证治准绳》。而搜讨勤而用力深者，则有张路玉《医通》及《伤寒缵论》《绪论》。及隐庵。隐庵于《内》《难》《伤寒》《金匮》《本经》皆有集注，皆集诸及门之力，参订而成，高士宗其弟子也。其崛起于江西者，则为喻嘉言。嘉言之《尚论篇》虽不免臆断专辄，然所著寓意草及医门法律，持论皆极谨严，能示医家以一定之轨范，且使庸医无所逃其罪，实前此所未有也。其负盛名于吴中者，则为叶天士，天士于感证及幼科多有心得，自亦不失为名家，然传书多伪，今世所行《临证指南》已多不可信，其他更无论矣。天士在当时最负盛名，故依托之者甚众。陈修园早年著书，多托名于天士，后乃改正，见《修园医书例言》中。今世所传各书，称为天士所著者，《景岳全书发挥》为无锡姚球颐真所撰，坊贾因其滞销，乃改刊天士名，见《冷庐医话》；《医效秘传》及叶、薛、缪三家《医案》为吴子音名金寿者所刻。《秘传》已极无谓，《医案》尤三家如出一手。又有《本草经注》《本事方释义》及光绪甲午常熟所刻之《医衡》，皆鄙陋至甚，不知谁所伪为。《临证指南》为无锡南昌岫云所辑，岫云实不知医，虽不敢谓其有意作伪，而其书错杂殊甚。《续编》刻未成而岫云卒，其友岳廷璋劝徽苏商人共成之。又有《叶案存真》者，为天士玄孙万青所刻，云为《临证指南》所遗，亦无甚可取。叶、薛、缪三家《医案》者，谓天士、生白及缪方彦也。方彦字遵义，亦当时吴中名医。生白无著述，已见前。陆九芝云：缪氏我之所自出，初不闻其有此方案。其不足信概可见矣。坊刻又有《医经原旨》六卷，亦题薛生白名，纰缪尤甚。《叶氏眼科方》一卷，在《荔墙丛刻》中，乃当时眼科医传受之书，亦托名天士，可见伪托者之多。**其卓然可称大家者，实无过徐灵胎。**灵胎于各科古书，靡不攻究，实足当博大精深之目。**其所著《医学源流论》一书，持论既极通达，《兰台轨范》一编，体例尤为谨严。**此书方论多取诸《内》《难》《伤寒》《金匮》《千金》《外台》，宋以来书所取者甚鲜。**其评骘攻砭及开示流俗诸书，亦皆博深切明。**所评骘者，如《外科正宗》及《临证指南》等是；所攻砭者，如《医贯砭》等是。开示流俗之书，如《慎疾刍言》是。《慎疾刍言》，王孟英尝重刻之，改名《医砭》。灵胎所批阅之书，凡千余种，见王孟英《医砭序》述秀水吕慎庵之语，然传者不多。今坊间所行徐评《疡科选粹》，舛误颇甚，决非灵胎作也。《洄溪医案》一卷，亦王孟英所刻。又《洄溪秘方》一卷，在余啸松《白岳庵杂缀》中。啸松得之吕慎庵，慎庵得之王孟英，孟英得之金复邦，复邦乃洄溪弟子也。**所谓学识俱深，明清以来医家，殆无其匹也。**与灵胎同时研究古书足称精到者，有柯韵伯，见前。**而后起诸家中之博大者，莫如魏玉横。**见后。**此外一时前后，南北之以医名者尚多，然多以感证知名，**如秦皇士、周禹载、程郊倩、吴鞠通、吴坤安、章虚谷、刘松峰、余师愚等，均见前。**其奄有众长者，当推王孟英。**孟英所著书，有《温热经纬》《霍乱论》《俞氏古今医案案语》《潜斋简效方》《四科简效方》《蓬窗录验方》《圣济方选》《随息居饮食谱》《潜斋医话》《归砚录》等，其中惟《圣济方选》一卷，未见刊本。其医案，初刊曰《回春录》，为周镕所辑，续刊曰《仁术志》，为赵梦龄等所辑。《回春录》多杂证，《仁术志》则感证为详。道光三十年，杨照藜合为一编，易其名曰《王氏医案》，加评点刻之。又《重庆堂随笔》为孟英曾祖学权所撰，今坊间亦与孟英诸书合刻。学权字秉衡；子国祥，字永嘉；国祥子升，字大昌，世以医名。**而陈修园之明白晓畅，足以启悟初学，亦自有独到**

处。修园所著书凡十五种，曰《神农本草经读》，曰《灵素集注节要》，曰《伤寒论浅注》，曰《长沙方歌括》，曰《金匮要略浅注》，曰《金匮方歌括》，曰《伤寒医诀串解》，曰《伤寒真方歌括》，曰《景岳新方砭》，曰《时方歌括》，曰《时方妙用》，曰《医学从众录》，曰《医学实在易》，曰《医学三字经》，曰《女科要旨》。今坊刻《修园医书》，乃至三四十种，甚至以元明人之作，羼入其间，缪已。**其余有所著述，为医家所宗仰者，若沈芊绿**、《沈氏尊生书》。**景嵩崖**、《嵩崖尊生书》。**程钟龄**、《医学心悟》。**罗淡生**《名医汇粹》及《方论》。**之流，则指不胜屈已。**

十七、女科与幼科

今世所传女科书,始于唐昝殷之《产宝》。然《史记》称扁鹊过邯郸,为"带下医"。仲景《伤寒》自言撰用《胎胪药录》,释之者曰:胎,女科书;胪,儿科书也。证以古传幼科之书名《颅囟经》,其说良是。则女科之由来旧矣。《产宝》久佚,近人乃得诸日本,重刻之。书凡三卷,分四十一门,每门皆前有短论,后列方药,其体例与《千金》略相似,真古书也。宋代书之存者,有李师圣之《产育宝庆集》、朱端章之《产科备要》、此书凡八卷,《四库》未收,然采摭宋以前方论颇广。薛仲轩名昂。之《坤元是保》《四库》亦未收。及无名氏之《产宝诸方》等,然均流传甚鲜;惟陈自明《妇人大全良方》陈自明,字良父,临川人。以薛立斋曾加删订,刻入薛氏《医案》中,通行较广。然陈氏书用药多主古义,薛氏矫之,专以理气血调脾胃为主,未免流于乡愿,虽以陈氏书为原本,实则貌合神离矣。清武之望、汪淇尝取《证治准绳》中之女科,评注刻之,名《济阴纲目》,幼科亦有评注,名《慈幼纲目》。一时亦颇通行。清代人所著书以萧慎斋名壎。之《女科经纶》、沈尧峰名又彭。之《女科辑要》为最佳。萧氏全书本名《医学经纶》,其女科摘出别行,通行较全书为广。周卓人亦有《女科辑要》,与沈书同名。卓人名纪常,山阴人,其书系兼采张景岳《妇人规》及《竹林寺女科方》而成。倪凤宾《女科要略》立论稍偏而亦有见地。其专论胎产者,有阎诚斋名纯玺,宣化人。之《胎产心法》、此书采辑颇备。汪朴斋名喆，休宁人。之《产科心法》、单养贤之《胎产全书》等，而张曜孙翰风先生子。之《产孕集体例》最为高雅。《达生篇》。《大生要旨》等治法不甚完备，仅备平人查检，何杏园所刻《胎产金针》较此二书少详。

　　傅青主名山。《女科》书山西钞本甚多。道光丁亥，张凤翔始校刻之，《海山仙馆丛书》又有刻本，陆九芝有重订本，在《世补斋医书》中。其书多与陈远公《石室秘箓》相同，不知陈、傅二君所本同出一源邪？抑好事者袭陈书而托诸傅也？坊间又有傅青主《男科》，则伪不俟论。《竹林寺女科方》者，萧山竹林寺僧人托诸明李异人所传，尝为人治病，颇有效，浙人尊之若神；久之，僧人之技日以陋劣，诊察之术，皆无所知，仅大略按证处方而已，后遂为县令所禁。其书刻本有数种，名目亦各不同，考其方论，大略以清滋为主，盖医家尊信丹溪者之所为，僧人欲炫流俗，遂妄云异人也。

　　《太平御览》卷七百二十二引张仲景《方序》有云："卫汎好医术，少师仲景，有才识，撰《四逆三部厥经》及《妇人胎藏经》、《小儿颅囟方》三卷。"今世所传《颅囟经》前有序文，托诸黄帝时师巫，论者多斥为荒诞，然《宋志》著录即如是。《千金方》云：古有巫妨者，始立《小儿颅囟经》，《病源》作巫妨。则其说初昨无因。《宋志》《钱乙传》言乙始以《颅囟经》显，则此书盖自古专家相传，至宋而始显于世也。

　　宋时幼科书，晁陈所著录者，有《婴童宝镜》、《小儿灵秘方》、《小儿至诀》、《小儿医方妙选》等，今皆不传；其存者，惟钱仲阳名乙。《药证直诀》、阎孝忠《小儿方》、董及之名汲。《斑疹方》。周激之《医学丛书》本，闻、董方各一卷，即附钱书之后，系据宋本重刻。案此书传本甚少，清四库馆曾从《永乐大典》辑出，然与宋本不甚合。陈文中《小儿痘疹方》《薛氏医案》及《痘疹大全》本。案《痘疹大全》系明吴勉学所校刻。此书外又有明蔡维藩《小儿痘疹方论》一卷、《陈蔡二先生合并痘疹方》一卷、明郭子章《博集稀痘方论》二卷、《痘疹宝鉴》二卷、万全《痘疹全书》二卷、闻人氏《痘疹论》二卷。

《痘疹全书》实万全所撰,楚人黄廉窃为己有,见全自书《痘疹碎金赋》后。勉学此,刻前亦列陆稳一序,误为廉作。及无名氏《小儿卫生总微论方》数种。《小儿卫生总微论方》系嘉定丙午何大任出其家藏本所刻,方论颇为完备,欲窥宋以前幼科治法者,莫善于此书已。《活幼新书》二卷,元衡州曾德显撰,_{名世荣。}据自序,其书出于宋太医戴克臣,_{名尧道。}克臣传诸刘茂先,而曾氏得之茂先五世孙直甫,_{名思道。}则亦宋以前书也。此书中国久佚而日本尚有刻本。又明徐用宣《袖珍小儿方》十卷,存古方论亦颇多。

痘疹之名,古代医籍中所不见,_{并无"痘"字。}其病究始何时,不可确考,要之古即有之,亦必至宋以后始盛也。当时治法,率宗钱仲阳、陈文中两家。钱近凉解,陈偏温补,朱丹溪出,乃折衷其间,解毒、发表、和中三者兼用,一时医家翕然从之,然治法究未完备;迨聂久吾之《活幼心法》、_{此书有清欧阳调律刻本,改名《痘疹慈航》。}魏桂岩之《博爱心鉴》出,始有途辙可循。朱纯嘏之《痘疹定论》、朱惠明之《痘疹传心录》实原本二书,更求完备者也。开示后学最切者,无过万密斋。故《世医心法》一书,迄今医家诵习不废。_{翁仲仁《痘疹金镜赋》十一篇,亦便诵习,清俞天池有注释本,名《痘疹金镜赋集解》。天池名茂锟(鲲),句容人。}翟玉华_{名良,青州人。}之《痘科类编》,长于治郁。清唐威原_{名维德,益都人。}之《痘科温故集》宗之。费建中《救偏琐言》专为偏于温补者说法,亦一时名家也。清代人所著书以叶大椿《痘学真传》为最佳。_{《摘星楼治痘全书》,明朱一麟撰。一麟字应我,泾川人,其书于古来治痘疹之书,网罗最为完备。一麟从孙遵先为之编订,成十八卷。道光六年,遵先侄琦始刊行之。}

疹者,幼科中之一证也,而其后于幼科中蔚为大国。痘者,亦疹科中之一证也,而其后于疹科中蔚为大国,无他,其为害烈也。惟疹之为害降而愈烈,故治疹之法亦降而益详。其初各家之书,皆痘疹不分，且多痘详而疹略。至明吕坤始著《疹科》一卷，专言治疹之法。清洪谦鸣之《痦疹心法》、谢朴垒（斋）之《麻科活人全书》继之，搜辑更为完全。其名家专著，则有郑卜年名启寿，鄞人，以治痦名鄞、奉、象三邑及台郡者数十年。之《郑氏痦略》，一卷。夏云颖之《麻疹秘录》，云颖名子俊，黄岩人，有《医理信述》六卷，乃其邑人柯琳所辑。此书与《痘疹秘录》各一卷后刻，总名《医理信述补遗》。孙安四名能迁，昌阳人。之《阙待新编》，二卷，上卷为方论，下卷为治案；书名取阙疑待问之意。亦均足资参考。晚近以来，麻疹多与喉证并发，故言治疹之书又多与喉科诸书相出入。

　　种人痘之法始见于朱纯嘏《痘疹定论》中。种牛痘之法则始于邱浩川之《牛痘新书》，西洋牛痘之法始入中国时，邱氏在广东施种者数十年。此书又有金陵善后总局刻本，经丹徒王惇甫增删，非复邱氏之旧。邱氏之学六传而至蒋致远，著有《牛痘要法》，在《白岳庵杂缀》中。种痘之在今日，自当采用西医最新之法，前此种痘之书，不过借以考见源流而已。然中国今日，种痘不能普遍，患天痘者仍随在有之，且中医诸疹治法，皆与治痘相出入，故医家于前此治痘之书仍不可不究。

　　小儿之有惊风，即古书所谓痉也。俗医妄立"惊风"之名，谬施治疗，诒误孔多。方中行著《痉书》一卷，始历引《素问》《伤寒》《金匮》以发明之。喻嘉言、《生民切要》。程凤雏《慈幼筏》。咸阐斯义；而其治法则至程（陈）霞飞《幼幼集成》。而始详。

　　清初幼科最著名者为冯楚瞻。所著《锦囊秘录》，凡分《内经纂要》《杂证大小合参》《痘疹全集》《杂证痘疹药性合参》四种。冯氏谓前此幼科治法多偏重先天，大人治法多偏重后天，而痘疹、杂证二家，论药性之言，亦不能相合，往往此宜彼忌，意欲观其会通而沟合之。虽所论未必尽当，要不愧体大思精之目。此后幼科中能自树立者，当推程凤雏、陈霞飞两家。武进庄在田名一夔。《遂生》《福幼》两编，虽卷帙寥寥，而论痘疹痉证治法，至为精当，医家病家均不可不一览。

十八、推　拿

推拿之术,世所传者有历阳骆潜庵名如龙。《推拿秘书》五卷。一卷论诊法,二卷穴道,三卷手法,四卷病证,五卷良方及咒由。据其子民新叙文,述其父之言曰:予得此良法秘书已久,不忍私藏。则实非骆氏所自著,盖亦专家相传之书也。其书文理颇劣,余啸松谓其有误处,删为《推拿述略》,在《白岳庵杂缀》中;然余氏所删似嫌太略。

十九、疡　科

　　疡科之书以《刘涓子鬼遗方》为最古。南齐龚庆宣著，此书用药多于《伤寒》《金匮》，少于《千金》《外台》。宋李迅《集验背疽方》、无名氏《急救仙方》、窦汉卿《疮疡经验全书》，《四库提要》云实汉卿裔孙梦麟所托。亦多存古法。然疡医往往惟知攻毒，于全体证治，不甚了了，惟宋陈自明《外科精要》、明薛立斋《疬疡机要》《外科枢要》辨析较精。及汪机之《外科理例》出，发明治外必本诸内之旨，外科治法始一变。清代徐灵胎以明医博综众科，于外科尤为精造，所评《外科正宗》，明陈实功撰。此书于病名、治法、方药，颇为完全。辨析精微，一洗疡科专家之陋。又有洞庭王维德，出其祖传秘术，著《外科证治全生集》，此书以述其家传之学为宗旨，凡治法与世医无异同者不具。发明痈疽之治当别阴阳，著滥用刀针之戒，以消为贵，以托为畏，而外科治法始臻于安全。惟王氏徒以色之红白别阴阳，其法仍未尽善，而戒用刀针太过，亦不免有流弊，至谓不谙脉理，亦可救人，则仍不脱前此疡医之陋习。武进孟河马氏，以疡科名者数世，同光间，有名文植字培之者，名尤著，尝著《医略存真》一卷，辨析刀针之当用与否。又尝评《全生集》，分别其治法及方药之短长，极为精当。盖晚近疡医之术，实能融贯众科以自辅，迥非前此暖暖姝姝但守专家之传者所敢望也。治外必本诸内，为千古名言。中国疡医治法方药，诚有不如西医处，然近世有名疡医，无不兼通内科，其辨证论治之言，亦有极精当者，仍不可不参究。近今目论之士几谓中医外科一无可取，非通论也。

　　清代疡科名著又有顾练江《疡医大全》、高锦庭《疡科心得集》两书。顾书网罗浩博，不愧"大全"之称；高书于辨证最精，论述诸证，多不循疡科旧例，每以两证互相发明，用药尤能融合内科治法，洵无愧心得之誉也。

　　治疗向无专书。宋无名氏《救急仙方》，命名最多，不过十余种。《医宗金鉴》中亦只二十余条。慈溪唐氏藏有《刺疗捷法》，名目较繁，然详辨证而略用药，至有仅列其名，并无治法者。无锡过铸少习内科，后以手指患疗，为庸医所误，乃发愤研究外科，于疗尤为留意。晚乃哀辑诸家，成《治疗汇要》一书。霉疮古无治法，近世疡科书亦不甚详。明季海宁陈九韶名司成。尝著《霉疮秘录》一书，书成于崇祯壬申。在中国久佚。光绪乙酉，苏州浦氏得之日本，重刻之，并有日本和气惟亨评语，皆疡科中之专论一证，足资参考者也。

二十、咽喉科

咽喉一科，古书传者甚鲜。惟明薛立斋《医案》中有《口齿类要》一卷，此外明医更无论著，盖自宋以后，医家之著书者，多以读书人而改业医，或好研究医道，其草泽铃医之流，仍抱专家之传者，则多不甚能著书，世之所谓儒医者，亦不屑师其人。然专科之术，非有师授不能通，此现今医书所以内科汗牛充栋，而他科则寥寥也。喉科专家之书传者，曰《重楼玉钥》，凡四卷。第一卷总论证治，第二卷论方药，第三、四卷论针法。原叙此叙亦不著名字。云：吾乡郑梅涧先生性好岐黄家言，其先世得喉科秘授，故于此尤精，远近无不知之，救危起死，不可胜数，予尝见有垂毙者，先生刺其颈，出血如墨，豁然大愈，其妙如此，而未尝受人丝粟之报云云。今第二卷中附论喉间发白证一条，特标之曰附录梅涧论证一则，则此书盖非梅涧所自撰。观此书所论，实以针法为详，方药为略，原叙述郑氏治疗，亦以针刺收效，其确为专家传授可知，而世无能通其术者，徒能取其养阴清肺一方，托之神怪，可慨也已。

《咽喉脉证通论》一卷，道光七年刻本，前有仁和许乃济一序，谓浙西有世业喉科者，应手立愈，顾秘其书不肯授人，吾家珊林孝廉购得之，参校付梓，题曰《咽喉脉证通论》。相传宋有异僧，寓杭之千佛寺，遗一囊去，中即是书云云，则此书之名，盖亦许氏所命。光绪间，武进费晋卿得写本四五,校定同异,谓棉花疮一证,元时始入中国,而书中言之凿凿,则宋时异僧之说,出于伪托可知。然其书于虚实缓急,辨析造微,当系元明间一巨手。其论甘桔汤为喉证所忌,尤为独创,乃校而刻之。费氏命名与许氏相同,当仍以许书为主,然漏许序未列,读者遂莫知其原始矣。

《喉科秘钥》二卷为歙县许乐泉名佐廷。所刻,其序云:道光庚子,见乡先辈郑西园专业是科,回生起死,咸目为仙,留心访之,盖有秘传善本。辗转觅得,凡三昼夜钞成,后遇此证,按方施治,无不应效。同治二年春,于役下蔡,遇贼奔避,行李书籢,捐弃一空。明年春,监修泗州试院,见舟人携竹籢求售,识为故物,遂购得之,余物皆失,而是书独存。秋,晤句容杨春华,方以重价购得《喉科紫珍集》,因并刻之云云。按《重楼玉钥》道光十八年许氏初刻,序中亦谓不知郑梅涧为何许人,此郑西园者,或与梅涧有关欤?《紫珍集》分载七十二证,亦专家相传之书。

白喉一证,盖盛于嘉道之际,其治法惟散见于《吴医汇讲》《疡科心得集》中,然皆语焉不详。世医多执伤寒之法,以辛温升散治之,诒祸颇烈,后乃有《白喉治法忌表抉微》者出,托之洞主仙师乩语,纂录者自署曰耐修子。风行颇广,实即取诸《重楼玉钥》中也。然白喉实亦分寒、热两途,偏执养阴,亦未尝不足诒误。嘉庆六年,常熟陈耕道著《疫痧草》一书,立疏达、清散、清化、下夺、救液诸法,而白喉治法始立。光绪九年,扬州夏春农复著《喉疫浅论》一书,大体祖述陈氏,而方法尤备。衡山李伦青名纪方。得其外祖尹慎徽之传,著《白喉全生集》一卷,书成于光绪八年。以寒热为纲领,寒热中又分轻重虚实,审证既的,而用药随之,即吹药亦分三种。可谓治白喉最善之书,宣统元年江宁尝有刻本,惜经癸丑之乱,求之已不可多得矣。《白喉证治订误》一卷,曲阿韩善征止轩撰,就《重楼玉钥》《忌表抉微》两书,增其未备,订其错杂,亦可看。《痧喉经验阐解》不著撰人名氏,祝补斋《卫生鸿宝》尝采之,别有单行本,元和金德鉴以己意增删,易名为《烂喉丹痧辑要》,然所增皆咽喉通治之方,与丹痧不涉;又增委中、少商二穴刺法,藿香正气一方,则并混丹痧与痧胀为一谈,大可喷饭矣。医家误不至此,殆坊贾所为也。

二十一、眼　科

眼科最古之书为《银海精微》。此书题为孙思邈撰。然唐宋《艺文志》皆不著录，盖亦专家所托也。其书辨析诸证，颇为清晰，手法方药亦多可用。此外明清二代所传者，又有《金锃秘钥》、题梁溪流寓李药师撰，不知何许人。《眼科龙木论》、李氏《纲目》已引之。《眼科捷径》、一卷，不著撰人名字，论眼病有五轮、八廓、七十二证之分，词甚简略，惟所附方药颇多。《眼科秘旨》、在谢甘澍《医学集要》中，亦不知传自何人，其用药颇与《本草》不同。《启蒙真谛》上卷曰《一草亭目科全书》，清清江邓苑博望撰，下卷曰《异授眼科全书》，不著撰人名氏。诸书，而傅氏之《审视瑶函》条理最称明晰。薛立斋《医案》中，亦有《原机启微》二卷。

二十二、伤　科

　　伤科书传者更少。《医宗金鉴》所载，即本薛氏《正体类要》二卷。而扩充之。此外所见，惟上海钱松溪_{名秀昌}，其师曰杨雨苍。《伤科补要》、四卷。绍兴俞星阶_{名应泰}。《伤科捷径》二种。

二十三、脚　气

　　脚气一病，盖始于晋之东渡。赵宋以后，此病颇衰息，近数十年乃复有之，盖复自海外传入也。古人治此之方论，散见于《千金》《外台》等书，专书存者，惟宋董及之_{名汲}。之《脚气治要》。《宋史·艺文志》一卷，《四库》从《大典》辑出，分为二卷。近人所著书，则有南海曾心壶_{名超然}。之《脚气刍言》。_{一卷。}其治法主用陈修园鸡鸣散，参以朱丹溪四物汤加减。此病中西治法均不甚效，所望今日医家于古代方论更加研究也。

二十四、霍乱与痧胀

霍乱之名,《伤寒论》中即有之,《病源》《千金》《外台》亦皆有其方论;然古之所谓霍乱,实非今之所谓霍乱,_{不若今之剧}。不可因好古而反受泥古之害也。近世医家论此病之书其多,以王孟英_{名士雄}之《霍乱论》二卷为最备。姚梓钦_{名训恭,丹徒人}《霍乱新论》一卷成于光绪廿八年,谓此病中西治法,均不神效。其父_{名成鼐,字燮和}行医数十年,尝本紫雪丹之意,推广用之,收效已逾千人。梓钦于己未、丙申疗过数百,戊戌、壬寅又验过多人,末又甚夸白痧药之功效。_{其方用生半夏去黄皮四两、贝母二两、麝香四钱二分、大梅片四钱二分、白硼砂二两、西牛黄二钱、杜蟾酥九钱研末。姚氏谓凡患霍乱者,误嗅红灵丹及他种痧药,则脉愈伏,肢愈冷,且致冷汗淋漓,惟嗅此药,则脉伏者起,肢冷者温,俄顷之间,即著此效。}谓得此方后,治霍乱皆令先嗅此药少许,随进左金丸一二钱,病轻者已可望愈,重证则接服解毒汤二三剂,紫雪丹二三分,无不愈者,不知信否。

痧胀之名盖亦起于近世。清初尚称为番痧或满洲痧,殆自关东传入内地也。郭又陶_{名志邃}始著专书论之,名《痧胀玉衡书》。_{三卷}。有林森者_{亦福建人}窃其书,易名曰《痧证全书》,_{三卷}。其通行转较郭书为广。巴郡欧阳调律尝约《玉衡书》为《治痧要略》,详于方论,而砭法仅存大纲。又有《痧证指微》一卷,不著撰人名氏,列杂证五十、大证十六,各详经穴,以施刺灸,而方药少简。二书有合刻本,名《痧法备旨》。

二十五、鼠 疫

中医治鼠疫之书，有广东罗芝园_{名汝兰。}之《鼠疫约编》，其书积历年经验，屡加增补，颇病凌杂。光绪二十七年，杨仙卿属郑肖岩_{名奋扬。}订正，刻之福州，凡分八篇：一探原、二避疫、三病情、四辨脉、五提纲、六治法、七医案、八验方。原序谓屡经试验。闽督陈宝琛一序，谓用其法，虽极危证，鲜不及者；其受病太深，疗救不及，不过十之一二。然予问诸寓在福州之医家，则谓其治法亦未必竟有把握，不知究竟若何。要之此病今日中西皆无必治之法，凡有方论皆存之，以备参考可也。

二十六、虚　劳

　　虚劳之证后世亦多专书，其为医家所宗者，为元葛可久之《十药神书》、明僧慎柔之《慎柔五书》及绮石先生之《理虚玄鉴》。慎柔毗陵人，胡姓，本儒家子，为僧后患瘵几殆，求治于泾县查了吾，获愈，因从学焉。了吾者，太平周慎斋之弟子也。慎斋名之幹，所著有《慎斋遗书》，清王琦校刻，未竟。其外孙赵树年卒成之。慎柔因之，又从学于慎斋，故慎柔之学，实慎斋一派也。其法分虚劳为两证，治以保护脾胃为主。绮石先生者，盖亦明季遗民，书成而身没。见其弟子赵何序。清雍正三年，慈溪柯德修名怀祖，亦当时名医。购得钞本，乾隆三十六年刻之。陆九芝谓其治法于阳虚主建中，阴虚主清金，远出桂附补阳、知蘗滋阴之上，重订之，改为五卷。在《世补斋医书》中。

二十七、导引与调摄

　　导引之术，后世道家多言之，医家则研究者甚鲜，然观《三国志·华佗传》，载佗尝教人以五禽之戏；又巢氏《病源》，于诸证之末，多附导引之法，则古代医家固未尝不通其术也。《隋志》有《导引图》三卷，注曰立一、坐一、卧一。明曹元白名士珩。尝著《保生秘要》一书，论导引治病之法。清沈芊绿《尊生书》悉采之。又有《尊生导养编》一卷，序云：山右谷远张君云衢，素多羸病，游江淮，遇异人，授以导引、按摩之术，行之十年，宿疾尽除，体益壮，以术告少宗伯兰皋康公，公为之按奇经之脉，考铜人之图，列其条目，而详其节次，缘督以为经，而一身之窍会无不备列焉云云。此书传本甚少，而所列之法，颇有为通行诸书所无者。

　　调摄之法，医家专言之者亦甚少，惟《寿亲养老新书》见前。于寝兴饮膳之方，无不备及。明高濂《尊生八笺》中《四时调摄笺》所录，大抵本之。韩氏《医通》明韩柔撰，与张路玉书同名。自谓赖方药以生，故于补养诸方尤备。黄闇斋之《折肱漫录》，分养神、养气、医药三门。《四库提要》讥其专主补益，未免一偏，然黄氏自言幼而多病，为药所误，尝私自矢曰：吾病得愈，吾年得老，必揭此以告同患者，使毋蹈予之覆辙，有所苦；随笔记之，久而成帙。至六十余，乃成此书。则其意原以供病者之鉴戒，非以医家自居也。此书《六醴斋丛书》本无《养神篇》。清王孟英《随息居饮食谱》分水饮、谷食、调和、疏食、果食、毛羽、鳞介七类。亦为此类书中之佳作。

二十八、江湖方技与《串雅》

　　中国医术当以唐宋为一大界。自唐以前医者多守专门授受之学，其人皆今草泽铃医之流，《史记》所载扁鹊，正是铃医中之有名者，即华佗亦此类人，后乃倨傲，欲自比于士大夫而又不改铃医好利之习，故为魏武一怒所杀。其有以士大夫而好研方术，若张仲景、皇甫士安、葛稚川、陶隐居、孙真人、王焘者，代不数人耳。自宋以后，医乃一变为士夫之业，非儒医不足见重于世，所谓草泽铃医者，其格日卑，其技亦日劣，盖此辈大都不通文义，罕能著书，仅恃师授，无复发明。赵恕轩所谓专恃祖方为长技。而师说传之岁久，必不免于讹谬亡失，其技愈劣，则世之视之也愈卑，则其人益不自重，而技以日劣。二者实相因也。又此等人大抵专守一科，不能会合各科，互相考校，故其术亦难于精通。然古代专家之术，实有存于是者，就其精者，往往非士大夫徒凭载籍，据理推求所能得，徒以鄙夷其人，不肯更加研究，遂令古代专门之术，日以失亡，良可慨也。近世惟赵恕轩，性本好奇，于江湖方技，搜辑至多，其时又适有宗柏云者，挟是术遍游南北，远近震其名，恕轩遂从问其术，参以前此所得，以成《串雅》一编，其治法虽不尽纯，而实于古义为近。治外以刺灸胜，治内以顶串禁截胜。顶者，上行，故多吐；串者下行，故多泻；截，绝也，使其病截然而止。此即汗、吐、下三法，铃医以配三才。不惟足资国医之攻错，亦且足为考古者参证之资，实可宝也。

二十九、咒由科

咒由一科,其传最古。虽《素问》载岐伯之言,已谓今世之疾,非咒由所能已,然《后汉书·方术传》载赵丙(炳)善越方,注云:善禁咒。则其术尚盛行于南方,盖南人重巫鬼,医术之明,不及北方邪?张角等所操亦必是术。今世所传,有《咒由十三科》二卷。案咒由为元医学十三科之一,作此书者盖不之知,乃误以咒由为有十三科。文辞至为鄙陋,其术亦未必可信。盖咒由一科,最无实效,世莫之信,其术遂亡也。惟《千金翼方》中之《禁经》,当必传之自古。赵恕轩《利济十二种》中,有《咒由录验》,系据湖南汪子师之说,将旧藏张氏本删存,惜未见传本。

三十、医史医案医话与医书

医史之作，实始于宋张季明之《医说》，季明尝欲集古来医案，勒为一书，初期满一千事，猝不易足，乃先采缀诸书，据其见闻所及，以成是编。见罗颀《叙》。其书杂采说部，颇伤芜杂。明余弁《续医说》亦仅随笔札记，李濂始有《医史》之作，然其体例亦未尽善，后此遂无继者。

医案之作，始于宋之许叔微，其汇辑诸家者则始于明江民莹之《名医类案》，清魏玉横续之，陆以湉又有再续，然未见刊本。见《冷庐医话》庞元澂序。嘉善俞东扶《古今医案》则主精而不主博。医书或苦空言无实，医案则不然，且汇合众家，尤可考见今古病情之迁变，虽谓其兼有医史之用可也。

医书所最忌者为空言无实，又其甚者采缀群书，绝无心得，陈陈相因，尤为可厌。然凡作一书，必求其病证、治法、方药无一不全者，鲜有不蹈此弊，惟医诂则不然，以无门面可拘也，惜作者不多。以予所见，有计楠之《客尘医话》、柳宝诒之《惜余医话》、史典之《愿体医话》、王孟英之《潜斋医话》、陆以湉之《冷庐医话》、毛祥麟之《对山医话》、费（黄）凯钧之《友渔斋医话》，均称佳著。尤怡之《医学读书记》专记读书所得，在医话中别为一体。周学海之《读医随笔》，体例亦略同。固始王燕昌字汉皋。有《王氏医存》十七卷，除末一卷为医案外,余皆用笔记体,在医话中可谓最浩博者矣。

医书之多病空谈,固由形下之学之不昌,亦由医家之真能读书者甚鲜,虽复侈语《本》《经》,高谈《灵》《素》,实则望文生义,随意曲解而已。求其能真知读书之例者无有也。予尝谓自宋以后,医之为业既移于士大夫,故其风气亦恒视儒学为转移;而其变迁,又必视儒学为少后。儒之门户分于宋,医之门户分于金元;《四库》医家类总叙语。职是故也,有清二百余年,汉学可谓极盛,然医家能用其法以治古书者绝少,盖尚未脱宋学风气也;然欲求古代医学之真面目,舍用汉学家治经之法以求之,其道莫由。以予所见,惟沈彤《释骨》一书,原本群籍,以释《内经》,所载人身诸骨,确为汉学者之法。胡澍《素问校义》,虽未卒业,亦差足语于校勘。然二人本皆经生,非医家也。刘寿曾《素问校义序》致憾于医家之有《内经》,犹儒家之有五经而无义疏之学,固适如吾意之所欲云矣。侯官林枫苇庭《乐素斋医学汇参》四卷,一、二、三卷为释体,四卷为辨脉,皆仿《尔雅》之例,五卷至十卷为释方,未成而卒,亦颇足当医家训诂之学。

医家著书每喜侈谈神怪,如窦材《扁鹊心书》,则以为上天所界。《张景岳全书》则以为游东藩之野而遇异人,陈远公《石室秘录》乃竟托之雷公、岐伯,前人已言之矣。以予所见,此类书尚属甚多,而其最甚者,要莫如车宗辂、字质中,会稽人。胡宪丰字骏宁,山阴人。之《伤寒第一书》,其序言谓仲景《伤寒论》本一十六卷,治分九州,此书乃其治扬州之法,自兵劫后,原书散失,证治不全,雍正初,德清沈日光,学道深山,乃独得仲景真传,而有九州之全书云云。可谓敢于语怪矣。又如齐秉慧字有堂,叙州人。之《齐氏医书》四种,本非一无足取,而必谓学医之始,出于衡山仙鹅洞道士之命;十八日内种痘方,亦必托之黄进士得之仙传,诚不知其是何用意也。夫如此等说而亦足惑人,此巫风之所以盛行欤。乃近日京师及江南士大夫,方且争好扶乩之术，流俗以士大夫之言之也，亦遂翕然信之，遂有假借其术为人治疡以牟利者，青天白日，鬼魅横行，诚可叹诧。

医家丛刻，网罗最博者当推明吴肖愚之《古今医统正脉全书》。清代则程瘦樵_{名永培，吴门人。}之《六醴斋医书》、王琢崖之《医林指月》、丁松生之《当归草堂丛书》、周澂之《医学丛书》，所刻亦均精本。若能备此五书，则所费不及百元而医家要书善本略具，其余购求易易矣。程观澜_{名文囿，歙人。}之《医述》专辑古书，不参己见，凡分七门，曰溯源、曰伤寒、曰杂证、曰女科、曰幼科、曰痘疹、曰方药。所收者三百余家，则医家中之类书也。清乾隆中，吴中唐烈三等尝辑《吴医汇讲》一书，_{其例实仿诸过绎之之《吴中医案》，见唐氏原叙。}集吴中诸医方论，随得随刻，_{终于十一卷。}此则如今日之杂志矣。

中西汇通自为今后医家之大业，然其人必深通西洋医术而又真能读中国之古书，详考脉证，确知中国古所谓某病者，即西洋所谓某病，或某病与某病确有相同之处，而又能精研药物之学，本诸格物之理，以探求古代验方之所以然，而断定何种方药，确为无效，方足以语于此。其事固非一手一足之烈，亦非一朝一夕之功。凡事创始最难，今日医家有能引此端绪者，荜路蓝缕之功，固足以没世不忘矣。若如近日中医奉为枕中秘之《中西医经汇通精义》等，一味牵强附会，及近今治西国医学者，动以今日之学术绳古人，一味深闭固拒，均无当也。

中国医学今虽衰敝，然自古东洋诸国，如朝鲜日本等，靡不奉为圭臬，其流传亦不可谓不广矣。予所见朝鲜医书，仅许浚之《东医宝鉴》、康命吉之《济众新编》二种。_{许书多采宋以来方论，康书则就许书删繁补阙，皆李朝官纂之书。}至日本医书则所见者颇多，而其最佳者要莫如杨惺庵所编之《聿修堂医学丛书》，此书为日本丹波元简及其子元胤、元坚所撰，杨氏游日本时，有以原板求售者，倾囊购之以归，而编次为是书,计元简《素问识》八卷,元胤《难经疏证》二卷,元简《伤寒论辑义》七卷,元坚《伤寒论述义》五卷、《伤寒广要》十二卷,元简《金匮玉函要略辑义》六卷,元坚《金匮要略述义》十二卷、《药治通义》十二卷,元简《脉学辑要》三卷、《救急选方》二卷、《医剩》三卷,元简之祖雅忠《医略抄》一卷,元简父之弟子小阪元祐《经穴纂要》五卷。元简《灵枢识》六卷、元坚《杂病广要》四十卷原以活字印行,故无存板。元简又有《类抄》八十卷,体例略如郑方坤之《经稗》,皆刺取说部中经验良方,不专为医家作者。元坚别有《医籍考》一百卷,仿朱竹垞之《经义考》而精核或过之。元胤别有《名医汇论》八十卷,凡古人病论异同,条分缕析,可谓集证治之大成。三书皆以卷帙浩繁未刊。元坚又有《名医公案》《病雅》《药雅》《体雅》等书,皆少作,亦精核,有家法,并见杨氏识语。诸书皆博赡精核,予谓治医家之书,当用汉学者治经之术,此其庶几。且中国医家好谈《灵》《素》,喜言运气,遂病其空言无施也;日本汉医则多远宗《伤寒》《金匮》,近师《千金》《外台》,尽心于研求证状,肆力于钩稽药性,其切于实用,尤非中国医家所及。杨氏谓自元以来,诊察之士殆罕其匹,诚非过言。盖中国士夫之治医术,与专家之笃守传授者截然两途,而日本则医有专官,能世其业,既能收新说之妙,又不失固有之长,故其卓越如是也,然而中国之医家可以知所愧矣。《诊病奇侅》二卷亦丹波元坚撰,论诊腹之术,其原出于《内经·刺禁论》及《难经》,中土早已失传,日本尚存秘授。有沈梅使者,供职使署,属元坚再传弟子松井操译以汉文,光绪戊子慈溪王仁乾刻之。

附　吕诚之先生《医籍知津》稿本题记

胡道静

常州吕诚之先生(思勉,一八八四——一九五七)是现代著名的中国史专家,在通史与断代史两个领域的研究、教学和著述等各方面以毕生之力作出了巨大的贡献,在文化学术史的领域里也开启了创造性的蹊径。夫子门墙,桃李芬芳,大江南北许多有成就的历史学者,多曾执卷问业,得到悉心指导,陶冶成材。尤其是先生的史学著作,影响深远,在人民群众中广泛传播了祖国的历史知识,培养起深厚的爱国热情,为中华民族的振兴自强赋予了精神上的准备。凡此皆昭然在人耳目。但是,人们很少了解到先生还是一位精通祖国传统医学的学者。先生读过的古典医籍之多,钻研之深,是罕有伦比的。夫子的外家,世业儒医,外祖父程柚谷先生为常州名医,舅氏均甫先生,从舅少农先生,皆精研儒学而兼知医。夫子耳濡目染,因此对于祖国医学的源流派别,主要医籍的内容和价值,概能了然于胸。一九一九年,夫子三十六岁时,受上海商务印书馆编译所的邀请,助谢利恒(观)大夫编辑《中国医学大辞典》。由于这一机缘,夫子对于传统医学作了进一步的研究,同时博读古典医书,利用涵芬楼的丰富藏书,广泛习览,究其流变,明其得失,并较比各书的版刻异同和传播源委,心得愈加宏富。其后,夫子就条理梳比,作出系统的评述,写成《医籍知津》一帙。

祖国传统医学,非常发达,有它自己的理论体系,并在临床实践上取得了丰功伟绩。无数的经验和概括,自古以来不断地被写成书面记载。中国古典医籍留存之多,举世莫与伦比,这是中华民族的骄傲之一。所以,了解古典医籍,不仅是杏林专业之所必需,也是每一个关心中国文化学术发展的人士所蕲求。夫子这部著作,对前者能收启蒙之效益,对后者足称智慧之武库。全稿卷帙不多,但论述精要,至为全面。从时间上说,起自远古医籍、药书,下逮汉、唐、宋、元、近世,原原本本,如数家珍。从分科论,对于解剖学、女科与幼科、推拿术、疡科、咽喉科、眼科、伤骨科、脚气病、霍乱与痧胀、鼠疫、虚劳、导引与调摄、咒由科等等,均有专章论述。

本书是以古典医籍为纲来论述祖国医药学发生、发展、演变和问题争议的全过程的。所以,它是一部医籍史纲要,而贯穿在医籍中的,正是医学本身的发生、发展和演变,因而本书也是一部中国医学史的缩影。尽医学史之能事来写医籍史,就使它跳出医书目录学的范畴而具有医书历史学的性质。

祖国医籍之浩富,促使了专业书目的产生和发达。明代殷仲春著《医藏目录》,开始了这项工作。清乾隆时修《四库全书总目提要》,卷一百零三至一百零五子部医家类三卷,号为提要钩玄之典范。近世日本汉医学者丹波元胤撰《医籍考》、冈西为人撰《宋以前医籍考》,用力皆甚深湛。建国以来,商务印书馆首将丁福保遗著《四部书录·医药编》刊行(一九五五年十一月),继有《全国中医图书联合目录》(中医研究院,一九六一年)问世。近年贾维诚著《三百种医籍录》(黑龙江科学技术出版社,一九八二年)、孙继芬等著《中国医籍提要》(吉林人民出版社,一九八四年)、郭霭春等著《中国分省医籍考》(天津科学技术出版社,一九八四年)纷纷出版。其专题书目则有龙伯坚的《本草书录》(一九五七年人民卫生出版社出版),

张赞臣的《中国外科医籍存佚考》(将于一九八七年由人民卫生出版社出版),这些都是按照目录学的规范来编著的,具有文献资料的性质和作用。夫子此著则是按照历史学的规范撰写,体制与作用皆异于前者,而能殊途同归,相得益彰。特别是它对于医史专业和学术文化史的学习者都能起到益智广慧、开拓思路的作用。

非常重要的一点是,夫子撰写此著时,乃凭借整个祖国文化形成和发展趋向的高度来观察医学和医籍的历程,因此得到许多特立独行的见解。例如对于祖国医学的分期,是纳入儒学产生和发展的轨道来论述。这是基于夫子对于中国文化整体的探索,深究社会政治经济的兴衰利弊,文化学术的隆替衍变,以其淹贯博通之识力,成此洞察执要之建论。也许这不易为专业学者所能接受,但若加以沉思,便能悟出其中一定的道理。用广角镜来观察专业史,应当是治专业史特别是科学技术专业史者所应采取的方法。夫子此著,给了我们一个典范。

治史者首须掌握丰富的资料,夫子对此,游刃有余。他在大半个世纪以前撰写此著,已博览了许多为当时十分稀见的古典医籍。例如一部针灸古籍《黄帝虾蟆经》,在国内久已失传,只是在日本有传刻本,然而在一九八四年中医古籍出版社影印日本刊本流布以前,国人是绝少见到这书的。《神农本草经》,辑者多家;《政和经史证类备用本草》,版本复杂,夫子校阅多本,故能作出近似的结论。读夫子书,于治史技能,诚多启益。

一九八六年长夏,宿疴初愈,就夫子大人女公子翼仁大姐处盥手恭读遗著原稿,谨作题识。及门弟子胡道静记。

(原刊于《社会科学战线》一九八七年第二期)